好妈妈胜过好老师

让孩子取得好成绩不难

尹建莉

著

作家出版社

图书在版编目（CIP）数据

好妈妈胜过好老师. 让孩子取得好成绩不难 / 尹建莉著. --
北京：作家出版社，2025.7. -- ISBN 978-7-5212-3200-4

Ⅰ. G78

中国国家版本馆CIP数据核字第2025T84B02号

好妈妈胜过好老师——让孩子取得好成绩不难

作　　者：尹建莉
策　　划：郑建华
责任编辑：郑建华　李　雯
装帧设计：
出版发行：作家出版社有限公司
社　　址：北京农展馆南里10号　　　　邮　　编：100125
电话传真：86-10-65067186（发行中心）
　　　　　86-10-65004079（总编室）
E-mail:zuojia@zuojia.net.cn
http://www.zuojiachubanshe.com
印　　刷：三河市紫恒印装有限公司
成品尺寸：165×240
字　　数：174千
印　　张：13
印　　数：001-10000
版　　次：2025年7月第1版
印　　次：2025年7月第1次印刷
ISBN　978-7-5212-3200-4
定　　价：49.00元

改版前言

当我们理解了一个儿童，就理解了所有的孩子

尹建莉

　　我的第一本家庭教育著作《好妈妈胜过好老师》于 2009 年出版，一经上市即引起巨大轰动，在各大图书畅销榜上数年雄踞前几名，十多年长销不衰。

　　本书的畅销得益于读者的互相推荐。当公众多年来在一些虚饰浅陋的教育话语下深感迷茫，或在老生常谈的话语下深感倦怠时，他们意外地被这真实、深刻和美震撼了。"受益匪浅"和"相见恨晚"是我收到的读者反馈中出现最多的两个词。

　　我本人具有教师、教育研究者和妈妈几重身份。在《好妈妈胜过好老师》这部著作中，我经常从一个母亲的角色进入问题，却始终以专业工作者的学识和态度来看待问题和分析问题。

　　本书内容大部分取材于我和女儿的日常交流，道理却是普适性的。无数家长因为这本书而发生教育观念的重大转变，无数孩子因这本书而受益。

　　美国作家梭罗说过："多少人在读了一本书后，开始了他生活的新纪元！一本书，能解释我们的奇迹，又能启发新的奇迹，这本书就为我们而存在了。"

在这里我要特别感谢作家出版社，他们慧眼识珠，逆市而上，使本书和读者顺利见面。尤其是责任编辑郑建华，本书出色的市场表现，离不开他出色的眼光和努力，《好妈妈胜过好老师》这个书名就是他定的。为了找到一个恰当的书名，我们前前后后想了一百多个，当他最终提出"好妈妈胜过好老师"时，我们都有眼前一亮的感觉。这个书名在当时来说，几乎是呼喊出了一个革命性的观念，够大胆，够颠覆。

很久以来，我们对学校教育寄予的期望太高太多，而家庭教育的功能及重要性却被严重低估。"好妈妈胜过好老师"与其说是颠覆，不如说是还原。它让人看到学校教育的有限性和家庭教育的重要性；看到"教育"不在宏大的口号里，而在日常生活细节中，儿童最重要的老师首先是父母——这样的观念其实并不新鲜，只是以前很少有人这样勇敢而明确地说出来。

在《好妈妈胜过好老师》出版五年之后，我的第二部教育著作《最美的教育最简单》出版。

本书仍采用案例写作的手法，案例主角扩展为更多的孩子，展示了前一本书尚未涉及的另一部分儿童教育生活，对大家面临的种种教育问题进行了深入而细腻的解读，并指出当下教育面临的种种误区，同时为读者提供了许多可操作的方法。它让大家看到，美好的教育并不复杂，有效的教育往往是朴素而简单的。

本书同样受到读者欢迎，销量可观，荣获 CCTV 评选的"年度好书"。北京大学老中青三代学者从浩如烟海的古今中外图书中评选出了《影响人生的书单》，本书荣幸入选。

在这两本书出版时间平均近十年的情况下，种种原因，我和出版社都认为有必要对这两本书进行修订再版。在保持原有篇章基本不变的情况下，删减一些已经不合时宜的内容，修改几处当时还不够成熟的观点，增加一部分必要的新内容，重新编排章节、润色文字，使其作为经典教育著作能够与时俱进，更好地服务于读者。

任何时代任何人提出的任何思想，都是某种"自我"角度的看法，所以不能保证被所有人认可，或者说思想本身也可能是偏见。从我个人来说，也经常有自我否定的情况，跟随着否定的总是进步。我诚实地对原著内容进行了审视和修订，但我仍然不能保证这次改版后的观念都是正确的。可以确定的是，随着时间推移，一定有些新的问题会呈现出来。我会始终保持学习的态度、容纳的态度、接受的态度面对新形势、新观念。本书若有观念不能够跟上时代，希望读者朋友们给予批评，并且见谅，你看到了一个人的局限，就看到了自己的进步。

在这里我要再一次向著名学者钱理群教授和我的导师朱旭东教授表示感谢，他们的推荐是对这本书最中肯的评价；他们自身的社会威望和学术公信力，让读者更加信任这本书。

感谢所有的读者朋友，本书的终极价值体现在你们那里，是你们的阅读让这本书得以传播，是你们的理解让这本书放出光彩，是你们的应用让这本书变得真正有价值。尤其感谢很多中小学教师和校长，他们正是本书的主力推荐人群，很多家长就是从学校召开的家长会上知道这本书的。

感谢我的家人，是家人的支持，为我的成长提供了良好的土壤。

尤其感谢我的孩子，她的出生是我生命中最重要的事件之一，从这里我开启了自我成长之路。在陪伴女儿成长的岁月里，我对儿童的理解从书本知识转移到活生生的人身上，对教育的认识从单调的理论进入到多姿多彩的实践中。当人们读我的书时，很多人感叹我作为妈妈对孩子遇到的问题处理得那么好，事实上这并非天赋，而是和孩子共同成长的结果。与其说是我教育了女儿、塑造了女儿，不如说是女儿教育了我、塑造了我。

我并没有力量让我的孩子成为什么样的人，作为养育者，我只是不给她太多压力和干扰，在她需要帮助的时候给予恰当的帮助。而她，催化了我的母爱，激活了我的内在能量，点燃了我对教育的热情，让我最终有力量创作出《好妈妈胜过好老师》及此后的几本教育著作。在和女儿的相处中，我深深地体会到"和孩子一起成长"是多么美妙的一件事。

一花一世界，一叶一菩提。每一个儿童都是一个小宇宙，当我们理解了一个儿童，就理解了所有的孩子；当我们能理解所有的孩子，就能容易地理解任何一个孩子。儿童不是需要我们去打造的弱小的人，而是尚未被扭曲变形的完美的神。

神性的存在让这个世界得到某种程度的净化，使人类延续。唯愿天下儿童都有一个幸福的童年。

要感谢的人很多，在此一并致谢——谢谢大家，祝福大家！

前言

当我们手上有块玉时

　　读到一则寓言。一位农夫得到一块玉，想把它雕成一件精美的作品，可他手中的工具是锄头。很快，这块玉变成了更小的玉，而它们的形状始终像石头，并且越来越失去价值。

　　年轻的父母也得到一块玉——可爱的孩子——多年后的结果却是，一些人得到了令人满意的作品，一些人眼瞅着玉石的变化越来越失望。二者的区别，就是后者使用的，常常是锄头。

　　可有谁会认为自己那么笨呢？现代人都很自信。

　　我认识一位博士，他个人无论在做学问、干工作还是为人处世等方面都非常好。中年得子，珍爱如宝。他知道做人比做学问更重要，所以特别注意孩子的品格培养。他的孩子刚刚两岁，经常自顾自地玩耍，大人和他说话充耳不闻。做父亲的认为礼貌要从小培养，看到孩子这样，很着急，就会走过去拿开孩子手里的东西，严肃地告诉他，大人和你说话必须要回答。孩子对他的话不在意，当下哭闹一番，事后总是"故技重演"；他就一次次地把儿子从玩耍中拉出来，对儿子进行批评教育。他坚定地说："我必须要把孩子的坏毛病纠正过来！"

　　博士不知道，两岁的孩子还没建立起人际交往的互动概念。对这么小的孩子谈礼貌，宛如对牛弹琴，他不仅听不懂，还会被吓着。最重要的是，他这时正处于开始认识世界的关键期，对一切都充满好奇，一张小纸片、半截烟头都可能让他沉迷。儿童的智力发育、注意力培养、兴趣发展都离不开这种"沉迷"。这看似无聊的玩耍，正是孩子对未来真正的学习研究进行的"前期准备工作"。无端地、经常地打扰孩子，会破坏他的注意力，使他以后很难集中精力去做一件事情，同时也失去对事物的探究兴趣。此外，"礼貌教育"频频引发家长和孩子的冲突，还会导致孩子在认知上不知所措，扰乱孩子正常的心理成长秩序，使他情绪烦躁，并且对环境产生敌意，影响品行发展。

博士绝不怀疑自己是一位琢玉高手，却不知他此时运用的正是锄头——家庭教育中的错误就这样在无意间产生，使结果和愿望背道而驰，这是最令人遗憾和痛心的地方。

这几年接触了不少家长，更多的是一些所谓"问题儿童"的家长。我从不同的案例中看到一个共同现象：家长无意中所犯的一些小错，日积月累，会慢慢形成一个严重困扰孩子的大问题，给孩子带来深刻的痛苦，甚至扭曲孩子的心灵。不是家长爱心不够，而是他们不知道有些做法不对。

西方有句谚语："地狱之路有时是好的意图铺起来的。"是啊，哪个家长的教育意图不好呢？当良好的意图和令人失望的结果形成巨大反差时，许多家长都抱怨孩子，说孩子自己不争气，天生就是一块不可雕的朽木——这是显而易见的强词夺理——如果问题来源于孩子自身，是他天生带来的，那孩子自己有什么办法呢，正如一个人眼睛太小不能怪自己一样；如果问题只能通过孩子自我认识、自我改变来解决，所谓"教育"的功能又在哪里呢？

也有人把个体教育中的一些问题归结到"社会""政策""时代"等宏大因素上。这种归结习惯，最典型的如近年来大、中、小学校园里无论发生什么负面事件，人们都要在"教育体制"上找原因，到最后，板子基本上都要打到"高考"上。高考——这在我国目前来说最公平的一项教育政策，现在成了替罪羊，成了一切教育问题的"罪魁祸首"。

世界上没有哪个国家的教育体制能完美到可以解决每一个学生的个体问题。每一个孩子都是一个独有的世界，他的成长，取决于和他接触的家长和教师给他营造的、直接包围着他的"教育小环境"。这个小环境的生态状况，才是真正影响孩子成长的决定性因素。

家长作为和孩子接触时间最早、最长的关键人物，是"小环境"的主要营造者——家长在日常生活中，在每一件小事上如何引导孩子、如何处理和孩子的关系，几乎每一种细节都蕴含着某种教育机缘。对细节的处理水平，区分出了家长手中握着的是锄头还是刻刀——它使孩子的世界与未来全然不同。

在这本书中，我就孩子成长中的种种问题写了很多细节，也给出了很多方法。无论这些"方法"多么不同，它们其实都是建立在一些共同的教育理念上的。"方法"固然重要，但再多的方法也无法穷尽一个人遇到的所有教育问题。正确的教育理念则如同一把万能钥匙，可以打开不同的锁。表面上看，本书各篇文章都在独立地谈某一个问题；事实上，所有的观点和方法都有内在逻辑上的一致性。当你读完了这里的所有文章，会有一个比较清晰的理念框架进入到观念里——遇到各种问题时，你基本上就会明白该如何做了，"方法"也会自然地来到你的身边。

希望这本书对家长们有用，尤其是年轻的父母们。

培养一个好孩子，不仅是对家庭负责，也是对民族发展负责，对未来社会负责。正确的教育方法是一把精美的刻刀，错误的教育方法就是一柄锄头——当我们手上有一块玉石时，我们必须做得正确。

我眼中的妈妈

圆圆

正像每位父母对孩子都有着深刻影响那样，妈妈对我的影响无疑也是巨大的。

在《好妈妈胜过好老师》这本书中，我并不是主角，而是最直接的受益者。书中妈妈所表达的思想，浓缩了平日里她对每件小事的思考。这也是她这么多年来读书、学习所得到的收获。虽然我平时很少表达，但是可以说我从小就对妈妈的才华与思想非常尊敬，或者说欣赏。

在我少年时期，很多人觉得我比同龄人成熟，我相信这很大程度上得益于父母平时不把我当成不懂事的孩子，他们像尊重一个成年人一样尊重我的每个想法，愿意真诚地倾听我的心声，我有什么想法也总是愿意向他们表达。

从我很小的时候开始，妈妈就注意培养我的阅读兴趣，不论是书籍的选择还是读后的交流，妈妈都给了我很多帮助，而这同时也让我们建立了朋友一般的感情。我们经常同时读一本书，然后交流感想，而那时我不过才上小学。这不仅让我产生了阅读兴趣，还让我感觉到和大人平等交流的乐趣。

随着环境的变化，周围优秀的人越多，我越发现自己有多么平凡。面对很多困难，我会觉得自己不如别人做得好。但是我总能保持良好的心态，不抱怨生活，不唉声叹气。而这种健康的心态就是我最大的财富。

所以在我看来，好的家庭教育也许并不能让人成为事事都能做好的天才，但是却必然培养出好心态。这种好心态能够让我在一生中处事更淡定、更自信、更积极，推动生活进入良性循环。

我非常高兴有很多人能看到《好妈妈胜过好老师》这本书。因为我自己就是最直接受到妈妈的思想熏陶的人，我能体会到这些思想是多么宝贵、多么令人受益匪浅。现在偶尔和妈妈交流一些想法，我还会有"听君一席话，胜读十年书"的感觉。

在钦佩之余我也会对自己近来读书太少产生惭愧之情。可以说妈妈是我的一个榜样，也是人生导师，更是一个珍贵的朋友。

妈妈这本书能够畅销，我并不惊讶。因为书中所写的一点一滴的思想，真的能让很多家庭受益。很多生活细节的处理对于家长来说是小事，但对孩子却会产生巨大的影响。

作为妈妈教育思想最直接的受益者，我很感谢父母给我带来的良好成长环境，也非常喜欢自己平凡却幸福的生活。

这篇文字是女儿圆圆在几年前应一家杂志的邀请写下的，也就是从这篇文字中，我第一次知道她怎么看待我、怎么看待我的书。

我曾不止一次地遇到记者提问，你女儿是不是很崇拜你？我总是笑着说，恰恰相反，我没听到过一句她的崇拜，倒是经常听到她的吐槽，记者们总是会大吃一惊。

我说的是真的，平时我们之间的交流非常随性，彼此像好姐妹一样，开玩笑，打闹，甚至吵架。我们似乎都羞于表达深情，也很少表达这些较为深层次的感受。所以，在这里看到孩子对我的评价和赞美，内心还是非常喜悦的。

把这篇文字收入书中，是因为我非常看重孩子的看法，同时也想用这样的方式向女儿表示感谢，感谢可爱的圆圆今生选择做我的孩子，我爱你。

目 录
contents

第二章　正确对待作业　*61*

> 孩子天生不反感写作业，他们中的一部分后来之所以变得不爱写作业，是因为在上学的过程中，尤其是小学阶段，写作业的胃口被一些事情破坏了。保护孩子的天性和学习兴趣尤其重要。

第三章　培养良好的学习习惯　*99*

> 在培养"好习惯"的过程中如果方法用得不对，恰恰就培养了坏习惯。方法用对了，好习惯就是水到渠成的事。正确的方法，其实远比错误的方法简单易做。

第四章　学习不要"刻苦努力" *145*

把"学习"这件事和一种令人不舒适的"苦"联系到一起，它会使孩子一想到学习，就有微微的不快。一个人不可能既讨厌一件事，又能把这件事做好。

第一章

被魔杖点中的孩子

有一根"魔杖",它确实是有魔力的,哪个孩子一旦被它点中,就会变得更加聪明,在学习和才能上更有潜力。这个"魔杖"就是——阅读。

被魔杖点中的孩子学习能力强

小学，甚至初中，没有真正的学业落后，也不存在绝对的成绩优秀，一切都是可逆转的。使情况发生逆转的神奇力量就是：课外阅读。

有一根"魔杖"，它确实是有魔力的，哪个孩子一旦被它点中，就会变得更加聪明，在学习和才能上更有潜力。这个"魔杖"是什么，谁能有幸被它点中，这一定是许多人想知道的——我不是在讲童话，是在做一个现实的比喻，因为想不出比它更贴切的比喻了。

让我绕得稍远，从四个孩子的真实故事说起。

我曾和某小学五年级一个班的同学有过较长时间的接触，对这个班的学生都很熟悉。班里有四个孩子，我总不由自主地在心里把他们分为两组，然后放到一起进行对比。

先说前两个孩子，一个叫晓菲的女孩和一个叫小壮的男孩，这两个孩子都学习努力，考试成绩中上等，性格上既不张扬也不内向，上课不捣乱下课不惹是生非，在班里属于那种既被老师喜欢又容易被遗忘的人。

另一组是两个男孩子，一个叫博一个叫成。博是个极为出色的学生，门门功课优秀，工作能力强，还特别有思想有见地，他是我见过为数不多的几乎找不到缺点的那种孩子；成这个小男孩优缺点都明显，总不好好完成作业，成绩中等，但口才极好，总是表现得懒散，不过并不扰乱纪律。

这四个孩子引起我的注意和对比，是从他们的作文开始的。前两个孩子，晓菲和小壮的作文我看过，字写得虽不舒展但比较整齐，可写作水平很差，内容贫乏，有许多语法错误，错别字也比较多，这和他们平时还不错的考试成绩有较明显的差距。他们每篇作文都被老师要求改来改去，他们认真地改着，一遍遍地抄着，但拿第四稿和第一稿对比，仅能看出改动痕迹，看不出进步；翻到下一篇作文，水平照旧。又翻了他们其他的作业本，分明都能感受到这俩孩子的努力和他们学习能力上的力不从心。

我基本上能判断出他们是哪里出了问题。

找这两个孩子谈过话。问他们的共同问题是：你经常读课外书吗？晓菲听我这样问，很不自在，告诉我说，她很想读，但她爸爸不允许，怕影响她学习，就把家里她可能看的书都锁起来。她家有一份订报纸赠送的《读者》，她很喜欢这个杂志，但每期来了，父母都想办法藏起来不让她看。小壮则表示他不喜欢读课外书，除了几本漫画书，从来没读过其他什么书。

我想这两个孩子这样下去真是可惜了，他们是这样听话，舍得用功，本该在学习上表现得更出色。于是分别约他们的家长谈了一次话，目的是希望他们关注孩子的课外阅读，通过课外阅读来解决孩子学习困难的问题。

晓菲的爸爸说，孩子每天这么用功学习，成绩才保持中上等，要是再分了心去读课外书，落到中等怎么办呢？小壮的妈妈认为让小壮去阅读是又给孩子增加了学习负担，小壮一周上六个课外班和一个乐器班，周一到周日从来不休息，他家住得较远，公交车每天来回要两个半小时，小壮每天只能睡六个小时。所以他妈妈说，绝对不能再给他增加负担了。

我告诉他们，这两个孩子现在正在读小学，每次考试成绩高几分低几分不重要，目前他们的问题是学习能力不强，这才是真正的大问题，这会严重影响到他们将来的学习。不上那么多课外班，不强求考试成绩，让他们有大量的课外阅读，孩子才能从根本上减轻学习负担，学习能力才能提高，将来才能有真正的好成绩。

我尽量把问题讲得明白，他们当时也都表示认同我的建议。但后来我再找孩子们了解，情况一点没变。晓菲的爸爸认为是因为家里订报纸招来《读者》，引得孩子不安心学习，把订报纸的赠品改成了牛奶。小壮本身就没有读书的愿望，妈妈也不打算让他有这个愿望，只是打算再给孩子报个跆拳道班，理由是孩子整天学习活动量少，上这个班既能运动又能学习防身，一举两得，我不知她从哪里再为小壮挤出这个时间。而且我还了解到，小壮所上的几个课外班中，有一个就是作文班。

和晓菲、小壮形成对比的是，博和成的作文都写得特别好，通篇几乎没有一个错别字和病句。博的字写得整洁大气，文章中总有独到的视角和素材。成虽然字写得不好，文中不时有勾画，不整洁，并且他的各篇作文水平差异明显，有的一看就写得不认真，是应付差事，但有几篇看来他是认真写的，透过杂乱的卷面细细读来，能感觉出才情飞扬，让人不由得心生赞叹。

我也和这两个孩子单独聊过，了解到他们都十分喜欢读课外书。博的家里有很多藏书。他读了很多，以中外名著、历史、自然方面的为主，远远超出了同龄人的阅读量。成的父母做生意一般不在家，他和爷爷奶奶一起生活，爷爷奶奶家没电脑，电视也基本上不开，他没事干只好去买很多书看。成读得很杂，动物、科幻、侦探、武侠等，逮住什么读什么。

这两个孩子不光作文写得好，各方面都应付得轻松自如。博是个好学生却不是个小学究，他喜欢足球，花很多的时间踢球；成虽然平时成绩不太好，但用他班主任的话说，这个孩子，聪明着呢，现在这个成绩是闭着眼睛学来的，他只要好好学三天，就能考班里前三名。

我离开这个班时，把电子邮箱给了孩子们，现在还和几个学生保持联系。他们现在已读初三了，马上要中考。博没给我写过信，但他的母亲一直和我保持联系，我们始终没见过面，通过网络交流过一些儿童教育方面的问题。博就读于一所市重点学校，据他妈妈说博现在的学习仍然很好，基于他的学习成绩和足球水平，已被确定保送到一所市属最好的中学读高中。晓菲一直和我联系，她初中就读的是一所普通中学，师资等各方面都不太好。听她说小壮、成也在这所学校，她和小壮的学习现在只能保持中等，肯定考不上好高中；但成上了初三后着急了，懂得学习了，现在是年级前几名的学生，还评了三好生。晓菲还说，她现在越来越不想学习了，觉得学习太难了。

几个孩子在学习上的发展态势大致已水落石出。

晓菲和小壮的家长肯定对孩子心生失望，他们为孩子做了那么多，孩子的成绩却不理想，在这关键时候，不知他们又会想出什么办法来帮助孩子，基本可以肯定的是，他们更不会让孩子去读课外书了——由此，基本可以预测到的是，孩子不但眼前的中考很难取得好成绩，在接下来的高中阶段，学习也不会有太大起色，乃至将来，他们一生的学习状态都将是平庸甚至是困难的。

而博和成，他们的学习能力已稳定地生成，在未来的学习生活中，他们会更具主动性和把握能力。

四个孩子的故事讲到这里，我想说的问题已清楚了。

"魔杖"是什么，就是课外阅读！

它有一种魔力，不显山不露水地赋予孩子不同的能量——凡从小有大量课外阅读的孩子，智力状态和学习能力就会更好；凡缺少阅读的孩子，学习能力一般都表现平凡；哪怕是写作业的速度，一般来说他们也比那些阅读多的同学要慢很多。

阅读为什么对孩子的智力和学习有这么大的影响？

教育家苏霍姆林斯基对青少年阅读有很多研究，他对阅读与学习能力的关系阐述得很多也很清晰。

他说："三十年的经验使我深信，学生的智力发展取决于良好的阅读能力。"他从心理学的视角分析："缺乏阅读能力，将会阻碍和抑制脑的极其细微的连接性纤维的可塑性，使它们不能顺利地保证神经元之间的联系。谁不善阅读，他就不善于思考。"[1]他指出缺乏阅读的坏处："为什么有些学生在童年时期聪明伶俐、理解力强、勤奋好问，而到了少年时期，却变得智力下降，对知识的态度冷淡，头脑不灵活了呢？就是因为他们不会阅读！"相比之下，"有些学生在家庭作业上下的功夫并不大，但他们的学业成绩却不差。这种现象的原因，并不完全在于这些学生有过人的才能。这常常是因为他们有较好的阅读能力。而好的阅读能力又反过来促进智力才能的发展。"[2]

孩子在小学，甚至初中低年级时，仅仅依靠聪明是可以取得好成绩的，但如果没有阅读垫底，年级越高会越力不从心。

我见过几位非常苦恼的家长，他们的孩子原本学习成绩不错，学习

1　[苏]苏霍姆林斯基，《给教师的建议》，杜殿坤编译，教育科学出版社，1984年6月第2版，202页。

2　[苏]苏霍姆林斯基，《给教师的建议》，杜殿坤编译，教育科学出版社，1984年6月第2版，203页。

也很努力，但令人不安的是，孩子在学习上的表现越来越不尽如人意。每当这种时候，我总会问一下孩子从小到大的课外阅读情况。不出所料，这些孩子基本上都缺少课外阅读。"凡是那些除了教科书什么也不阅读的学生，他们在课堂上掌握的知识就非常肤浅，并且把全部负担都转移到家庭作业上去。由于家庭作业负担过重，他们就没有时间阅读科学书刊，这样就形成一种恶性循环。"[1]

与之形成对比的是另一些孩子，小时候成绩可能并不出色，但由于他们有较好的课外阅读，却能做到后来居上，到真正想学的时候，潜力就不可阻挡了。

小学，甚至初中，没有真正的学业落后，也不存在绝对的成绩优秀，一切都是可逆转的。使情况发生逆转的神奇力量就是课外阅读。它真的像一根魔杖，越来越显示出神奇的作用。

人们容易看到孩子变化的表象：一些孩子越来越喜欢学习，成绩越来越好，就觉得孩子长大了懂事了，很欣慰；另一些孩子越来越不爱学习，成绩越来越差，就觉得孩子怎么越来越不懂事，越来越不自觉。人们很少能看到这种表象背后的一个非常重要的技术原因，那就是课外阅读。

为了让孩子聪明又学习好，父母们都在倾尽全力，从怀孕开始就忙着吃这个补那个。营养对儿童大脑发育肯定有用，但无论吃多少好东西，都只是一种加法手段。**除极个别的超常儿童，所有出生后身体健康正常的孩子，他们最后在智力上的差异并不在这种物理手段上或生理因素上，而在启蒙教育上。智力启蒙最重要手段就是阅读，它是一种乘法手段，可以让儿童的聪慧以几何级数递增。**

1 [苏]苏霍姆林斯基，《给教师的建议》，杜殿坤编译，教育科学出版社，1984年6月第2版，84页。

一些教师和家长不重视孩子的课外阅读，是因为他们心里总有担心，孩子光完成学校课程学习已经很忙，考试考出好成绩最要紧，读课外书既浪费时间又影响学习，不合算。这种说法等同于在说，我急于从哈尔滨到广州开会，哪里有时间等四个小时后的飞机，火车马上开了，我得赶快去挤火车——好像是那么回事，实际上全错了。

一把相同的种子，撒到地里，有的得到合适的水分和充足的日照，有的既干旱又晒不着太阳，最后差异当然会很大。阅读就是智慧的水分和阳光。

我猜测会有一种质疑被提出来，难道经常读书的人学习就一定好，不读书的就一定不好？当然不是。我们在思考一个问题或表述一种现象时，不能把它绝对化。

如果所有文化或社会范畴中的"规律"都需要像数理定律那样有100%的准确率才可被确认成立，那么所有的社会规律都将不存在，所有的对话都无法进行。世界如此复杂，每件事情都和其他事情发生着千丝万缕的联系，所以也不能孤立地看待任何一种现象。比如"喝茶能有效预防癌症"的结论，和"爱喝茶的人也会得癌症"的现象并不形成冲突，因为癌症致病原因非常多，用后者否定前者是没意义的。

我不敢说爱读书的孩子学习一定好，但我可以肯定地说，从不读课外书或很少读课外书的孩子学习能力一般不会出色；一伙爱读课外书的孩子和一伙不爱读课外书的孩子相比，他们整体的能力差异一定非常明显。

中小学学生中有一种叫"偏科"的现象，似乎对这里谈到的阅读与学习能力的关系提出挑战。尤其是一些男孩子，偏爱数理化，对语文、英语等文科类科目不感兴趣，也很少阅读，数理科目成绩却总是很好。

我见过一位初中生的家长，她甚至为她的孩子数学、物理学得好，特别不爱学语文而沾沾自喜，可能是觉得这样就显示出她的孩子聪明。我想，她的孩子如果只是不喜欢语文课本身，但读过很多课外书的话，她可以骄傲，说明孩子的潜力还是很大的；但如果孩子一直缺少阅读，对语文课的厌倦是基于一直以来的语文能力低下，那就是件比较麻烦的事，恐怕总有一天数理科目要受到拖累。

我认识一位市属重点中学的数学教师，他高考时数学满分，150 分的语文只得了 92 分。他原本酷爱数学，立志要当个数学家，报了北大数学系，总分不够，最后只被一所普通的师范大学数学系录取。

他说，从这几年教书中，他才深切地感觉到语文的重要。他们学校每年高考前十名的同学，很少有偏科的，基本上都是文理俱佳。他说他当时没考上北大数学系很不服气，现在想来，即使考上了，语文底蕴的缺失也会影响专业学习，因为自己的思维宽度和广度比起那些博览群书的人总是有很大局限性。

所以，哪怕孩子是个特别的数学天才，你也应该关注他的阅读。比如让他去读几本数学家传记，这可能比让他多解两本习题集更能成全他的数学天才。

当然也有偏科偏向语文的，语文学得很好，作文写得漂亮，数理化学得很差，比如少年成名的作家韩寒。阅读对他们的考试成绩似乎并没有成全。

这个问题要这样理解：造成他不喜欢数理科目的原因很多，教师、家庭、天赋、同学等都可能成为影响因素。阅读当然不能强大到解决所有的问题、补救所有的不足。但有一点是肯定的，他数学成绩差，绝不是阅读造成的。这样的孩子，所幸他们喜欢阅读，无论上不上大学，他们都是聪慧的，都可以取得相应的成就。这样看，喜爱阅读于他们仍然是件幸运的事。

而那些从不读课外书或很少读课外书、数理科目学得较差、人文科目只是相对学得较好的学生，他们的情况不叫"偏科"，事实上他们的人文科目也并不出色。谁能见到一个几乎不读课外书的人在文史考试中取得了优异的成绩？这些孩子和韩寒这类孩子的情况又有很大差异。

所以，无论从哪个角度讲，阅读都是重要的。由此看来，想让一个孩子变得更聪明，是多么简单啊，让他去大量阅读吧！

书籍就是一根魔杖，会给孩子带来学习上的一种魔力，能让他的智慧晋级。爱读书的孩子，就是被魔杖点中的孩子，他是多么地幸运！

学"语文"不是学"语文课本"

如果不关注阅读，死抱着教材学语文，那么学生进入中学后就会越来越力不从心，到头来，在最关键的高考考场上，恐怕也难以获得好成绩。

前几年有一位李姓女孩一度被人们关注。她两次跳级，十五岁就考上了清华。当人们都用看待天才的目光看她时，她父亲却说，女儿并非智力超常，她与别人的区别只是在于：当别人的孩子正在拼命去读去背一些无关紧要的、最多只能供翻翻而已的文字（主要指语文课本）时，我在让孩子读《论语》《孟子》《古文观止》等经典作品。

这位父亲坚持让女儿有大量的课外阅读，认为最好的少年时光应该去读经典作品。他对现在的学校语文教育很不满，认为"在无关紧要的文字上喋喋不休、浪费过多光阴只会毁掉人的一生"。由于他的这种想法与学校教育有矛盾，他让孩子休学三次，以便女儿能无拘无束地自由阅读。大量的课外阅读给女孩带来了智力和学习上的飞跃，带来生命的早慧和成长的轻松。

看过一本书叫《我们怎样学语文》，里面有当代七十多位知名科学家、学者、作家等撰写了自己早年语文学习的经历，按作者们出生或求学的年代，全书从二十世纪二三十年代到六七十年代分为四个部分。我从书中发现一个有趣的现象——凡五十年代以前的学界泰斗们，他们对自己当年的语文学习全都充满温情的回忆。他们接受的是"旧语文"教育，学习内容基本上都是中华文化千百年来流传下来的经典名章。他们几乎都遇到一个或几个学养丰厚的语文教师，从最初的语文学习中获得了完善的语言和思想的滋养；都肯定地认为早年的语文学习为他们一生的事业及做人奠定了良好的基础。

例如，有人问中国科学院院士杨叔子先生，为什么能成为院士，有什么个人因素。他回答说："重要的因素之一，是人文文化，中华民族的优秀传统文化、中国语文起了重要的、直接或间接的作用。"[1]

与之形成对比的是七八十年代接受"新语文"，即现代中小学语文教育的这些人，他们对自己所经历的语文教育充满批判，认为教材选编质量不高、教学方法陈腐、思想启蒙贫乏。而他们后来之所以"成才"，在于侥幸获得一些课外读物，正是这些课外读物成全了他们。[2]

当代著名作家毕飞宇是六十年代出生的人，他上中小学的时间应该在七八十年代。他在《我所接受的语文教育》一文中说："如果让我给我们这一代人所受的语文教育打分，我不会打'零分'，因为它不是'零分'，而是负数。我之所以这样说，一点都没有故作惊人的意思。我们在接受了小学、中学的语文教育后，不得不花上很大的力量再来一次自我教育

1 王丽编，《我们怎样学语文》，作家出版社，2002年10月第1版，1页。

2 王丽编，《我们怎样学语文》，作家出版社，2002年10月第1版，361—388页。

和自我启蒙。"[1]

他批评的是当时的语文教育。可时过境迁，这么多年了，我们的语文教育基本上原地踏步。这种糟糕状态，到现在尚未有结束的迹象。

从教材的编排看，现在小学语文大致还是采用先学拼音、生字，再学词汇、句子这样一个逻辑框架。

拼音真的需要放到语文学习的最前面吗？生字真的需要那样一个个独立地去学吗？这里有一个貌似合理的逻辑推理：会读文章就得先认字，想认字就得学拼音——事实上，这个表面合理的逻辑并不符合儿童的认知顺序，逆反了人类学习语言文字的天性。颠倒了语言学习的顺序，是一种反认知的程序设计。

语言文字本身就是一种工具，拼音更只是"工具的工具"——它就相当于二胡演奏员偶尔使用到的那块松香，有用，却不重要，并且使用极简单，用不着在每个孩子初学二胡时就先去花费好长时间学习关于松香的知识——可这个"工具的工具"现在却变成了工具本身和目的本身，以至于居然有人提出中国文字以后要用"拼音"完全代替"汉字"。这样荒谬的想法不但被公然提出，竟然还引起讨论，真是不可思议！

文字是文化最重要的载体，中国文字是世界上独一无二的文化精粹，集象形、美观、优雅与深刻于一体。这是先祖留给我们最宝贵的文化财富，也是中华文化得以传承的经脉和气魄。历史上，凡文字消失的民族，文化也随之消失。文字存，文化才得以不灭。

借鉴西方字母的汉字拼音是近现代才出现的东西，为汉语学习帮了点忙，但它只是为中华文字这个大工具服务的微小工具，本身并没有什么内涵。那些提出要彻底抛弃汉字、用拼音取代汉字的人，他们的想法

---

1 王丽编，《我们怎样学语文》，作家出版社，2002年10月第1版，377页。

令人难以置信。

从认知心理学来看，儿童学习需要的是形象、有趣、整体感知等特点，一上学就把他们拉到枯燥而抽象的字母和生字上来，孩子们为此付出了痛苦的努力，却收获不到学习的快乐，他们花费了许多时间，只学到了很少的东西。

从语文教材的文本选择上看， 平庸之作非常多，不少作品从思想性、趣味性到文字的精致上，都算不得上品，却进入了教材。

陶行知在七十多年前就批评说："中国的教科书，不但没有把最好的文字收进去，并且用零碎的文字做中心，每课教几个字，传授一点零碎的知识。我们读《水浒传》《红楼梦》《鲁滨逊漂流记》一类的小说时，读了第一节便想读第二节，甚至从早晨读到晚上，从夜晚读到天亮，要把它一口气看完才觉得痛快。以零碎文字做中心的教科书没有这种分量。"他把这种教科书比喻为"没有维他命的菜蔬"和"上等白米"，"吃了叫人害脚气病，寸步难行"。[1]

陶先生还说："有人说，中国文人是蛀书虫。可是教科书连培养蛀书虫的力量也没有。蛀书虫为什么蛀书，因为书中有好吃的东西，使它吃了又要吃。吃教科书如同嚼蜡，吃了一回，再不想吃第二回。"[2]陶先生在几十年前抨击的现象并未改善，且愈演愈烈。

著名学者、北大中文系教授钱理群先生评价说，我们语文教材的编选基本停留在二十世纪六十年代的水平。[3]这实在是一针见血。

从教学上来看， 我国中小学课堂教学仍然沿用生字、解释词语、分

1 陶行知，《陶行知教育文集》，四川教育出版社，2005年5月第1版，282页。

2 陶行知，《陶行知教育文集》，四川教育出版社，2005年5月第1版，282页。

3 钱理群，《语文教育门外谈》，广西师范大学出版社，2003年7月第1版，77页。

析意义、体味思想，以及大量的现代文背诵等这样一种八股教条。

哪些字是生字，哪些词是生词，都是教材规定好的，学生们必须一遍又一遍地去读去写去背这些"生字"和"解词"，即使这些字和词早已是大多数孩子熟知的。

和语文教材同步下发给老师们的"语文教学参考书"早已规定了如何解读每一课。当代著名教育家、特级教师李镇西博士批判现在的语文课成为思想专制的场所："学《孔乙己》只能理解是对封建科举制度的批判；学《荷塘月色》只能理解这是朱自清对大屠杀的无声抗议……学生的心灵被牢牢地套上精神枷锁，哪有半点创造的精神空间可言？"[1]

我知道一些孩子为了上课能准确回答老师的提问，会想办法弄本教材参考书来，这样他们在语文课堂上就能"正确"地回答出许多问题。

语文课本上经常有很多现代文背诵要求。由于现代文是口语化的东西，它在文字上是开放的，不像古典文学那样词句严谨。而要孩子背诵的，多半是一些很平常的段落，根本达不到"增一字则多，减一字则少"的境地，但考查时却要求一个字、一个标点都不能错。把一个开放的东西背出严谨来，孩子们唯恐出错，比如不能把"狠狠打了他一下"背成"狠狠地打了他一下"——仅仅是多了一个可有可无的"地"字，那也不行。每一个标点都要死死记住……背诵的目的只是为了"正确"，而不是为了体悟，不是为了把经典刻进记忆和思想中，只是为了考卷上不丢分。手段和目的在这里被完全搞乱了。

从教师的语文素养上看，多年来僵化而单一的教学方式，使语文教师这个群体的专业素养大大退化，"语文教师"这个角色所暗示的学科素养是如此苍白。我亲耳听到一位校长在谈到一个教师的工作安排时说："教不了别的，还教不了语文吗！"

1　李镇西，《民主与教育》，四川少年儿童出版社，2004 年 3 月第 1 版，214 页。

圆圆在小学时，老师经常强调："学语文就是要背课文，凡是背课文好的学生，考试成绩就高。"上初中后，遇到更令人吃惊的语文老师。那个老师非常"敬业"，经常给学生留大量作业，其中好多作业没来由。比如把"无精打采"归入"生字"类，要学生们查字典给每个字注出读音来——对于已上初中一年级的学生，这四个字哪个是生字呢？还比如让解释什么是"咳嗽""力气""骄傲"等，而这些词多半在汉语大词典上都查不到注释，学生们只好用更为复杂的文字来"解释"这些"生词"，这样的作业能让人气破肚皮。

我记得有一次圆圆做这种作业时很烦，说看来"吃饭""喝水"也得解释了，于是我们干脆玩游戏，一起对"吃饭"给出这样的注解："以勺、筷等特制工具将食物送进口中，用牙齿磨碎，经咽喉进入肠胃的过程。"解释完后，发现这下出现了更多需要解释的词，比如"勺""食物""肠胃"——简直是"学无止境"啊！我们苦中作乐地笑了一气。

从阅读量上来看。以目前北京市小学四五年级课本为例，一本教材大约有两三万字，而一个四年级儿童的正常阅读量应该达到一学期八十万到一百万字——并非教材的两万字是"浓缩的精华"，可以抵得过一般书籍中的二十万或两百万字，它就是两万字，不多也不少——这就是说，从学生应该达到的阅读量来说，教材所提供的阅读量远远不够！

语文教育界近些年开始强调学生的课外阅读，并开列出许多古今中外的名著。但大多数学校和教师看重的是当下的考试成绩，对课外阅读并不重视，中小学生的语文学习基本上都局限于语文课本。尤其是小学，教学活动几乎全部紧紧地围绕着课本展开。所谓"课外阅读"，不过是一缕过耳轻风。

前两年，社会上开展过一场关于中小学语文教育的讨论，许多人表达了对当前学校语文教育的不满，甚至有许多激烈的言辞。中小学语文课难以承载"语文学习"这样一个重任似乎已形成共识。但辩论过后，情况依旧，有小调整，但换汤不换药，基本上没有改观。

这是个让人心痛的事实，几千年的文明古国，创造出世界上无与伦比的语言文化财富。进入现代社会，我们的科技进步了，可是居然越来越不会学自己的母语了。

我们的语文教育越来越趋向工业化思维。符号化、技术化、标准化的教学和考核，消磨着语文这个学科中特有的千变万化的魅力和它的丰富性。母语学习本该是一件轻松愉快的事，现在它却被异化了，变成一件枯燥而扭曲的事情。语文课越来越变态为一种近乎折磨人的活动，难怪那么多孩子越来越不喜欢学语文了。

学语文到底该学什么，怎样才能学好语文?

语文教学改革是个宏大课题，需要深入研究，任何个体都无法给出权威答案。但我们毕竟有一些有效的经验，可以运用于当下的学习生活中，取得明显的效果。

从许多人的经验及各种资料中可以归纳出，**学好语文有很多要素，但最核心最根本的方式就是读经典和加大阅读量。**

阅读量非常重要。

苏联教育家苏霍姆林斯基曾试用过许多的手段来促进学生的脑力劳动，结果得出一条结论:最有效的手段就是扩大他们的阅读范围。[1]

阅读贫乏的人，一定是语言贫乏的人，同时也是思维贫乏的人。如果我们想让孩子学好语文，却漠视他的课外阅读，这好比给一个本该喝一杯奶的孩子只预备了一匙奶，让一个想学游泳的人进浴盆试水一样。

现在很多中小学都开设了"阅读课"，但这些课基本上不是孩子手里

[1] [苏]苏霍姆林斯基，《给教师的建议》，杜殿坤编译，教育科学出版社，1984年6月第2版，84页。

拿本书去读，而是教师讲"阅读方法"，学生做"阅读题"。这宛如当一个人需要喝水时，旁边的人就滔滔不绝地给他讲一大堆关于喝水的知识，并让他回答一些关于喝水的问题；而盛满清水的水杯却从来不肯递给他。

国家每年为中小学图书馆建设投入大笔资金，可很多学校的图书馆只不过是阁楼顶上落满灰尘的一只旧纸箱——仅仅是说起来有那么个东西，实际上跟学校的日常教学生活毫不相干。孩子们一直处于"阅读贫困"中，学校语文教研会的讨论主题经常是"如何讲好阅读课"。

如果学校教育中没能为孩子们提供足够的阅读条件，课外阅读就一定要在家庭中补足。

在我接触的家长中，不少人对阅读与语文学习的关系认识不足，有的家长甚至阻挠孩子的课外阅读。他们很关心孩子的成绩，听人说读课外书对学习有好处，就让孩子读几天，可孩子刚一产生阅读兴趣，开始出现着迷的样子，家长就担心了，怕耽误学习，又赶快把孩子拉回到课本中。这些家长总认为读课外书不是学习，学课本才是学习。

在小学中确实有这么一种现象，一些孩子从不读课外书，考试成绩经常很高，而一些经常读课外书的同学在考试中并未显出优势。

这是因为小学语文考试卷一般都是紧紧围绕着教材来的，考试前紧扣教材的反复训练，确实会让孩子们在卷面上表现出好成绩。事实上，不少人的成绩只是一种假象。并不是孩子们作弊了，而是这样的考试不能考查出学生们真正的"语文水平"，它只是在考查"学课本的水平"。

语文成绩假象一般只能维持在小学阶段，一旦进入中学，尤其是高中，语文考卷和课本的联系越来越弱，成绩与阅读量的相关性就显现出来了。

高考语文试卷，除一些古诗文外，绝大多数内容和教材无关，它考查的基本上就是学生真实的语文水平——我并不是说高考的命题方式是最合理的，在这里无意评价这一点，只是想说明，如果不关注阅读，死抱着教材学语文，那么学生进入中学后就会越来越力不从心，到头来，在最关键的高考考场上，恐怕也难以取得好成绩。而**一个语文水平真正很高的学生，他可以从容应对任何形式和水平的考卷，高考中也不会表现得平庸**。

著名特级教师魏书生在中学教语文时，虽然肩上有学生升学考试的压力，但他总是在开学的第一个月就领着学生把课本全部学完，剩下的时间进行广泛的阅读和相关学科活动。他一般接手的是普通学校的"差班"，最后语文考试成绩却总是可以超过重点学校"实验班"的成绩。他不唯教材是从，知道学语文不是学语文课本，把丰富的课外阅读引进学生的学习中，最终取得好成绩也是件水到渠成的事。

阅读需要诱惑

在教育中，想要孩子接受什么，就去诱惑他；想要他排斥什么，就去强迫他——这是非常有效的一招。凡达不到目的、事与愿违的结果，都是因为家长或教师把方法用反了。

圆圆刚上小学二年级时，我感觉她的识字量及阅读水平已具备了再上一个台阶的可能，就建议她读长篇小说。圆圆听到这个建议的第一反应是不可能。

她经常看到我读小说，那么厚的一本，那么多字，基本上没插图。她本能地觉得长篇小说很难读，也没意思，只能是大人读。而她在这之前读的书都是以图为主的儿童读物。我理解她的为难，就没再说什么。

考虑到我书架上那些小说当时没有太适合她的，我去买了金庸的《倚天屠龙记》。以前我从没读过金庸的小说，只看过由他的小说改编的电视剧。从电视剧中猜测小说也是有吸引力的，应该能为儿童所喜爱。我没对圆圆说这是为了让她读才买的，像平时拿回任何一本给我自己看的小说一样，干完活就自己去读了。

那本书确实好看，有很多悬念，我每天读完了顺口赞叹一句说这本书很好看，然后有意无意地把一些情节讲给圆圆听，讲到引人入胜时就说我正读到这里，后面还不知道呢，等读完了再给你讲。

这样几次，搔得圆圆心里痒痒的，看她着急，我就顺水推舟说要不你自己看去吧，妈妈没时间一下子看那么多。圆圆还是顾虑她能不能读得了小说，我就说，你试试，有不认识的字没关系，把大概意思看懂就行，哪些字影响理解，就问妈妈。她听我这样说，就开始试着读起来。

阅读是个并不难进入的过程，重要的是让孩子无所顾忌地拿起一本书。因为前面部分她已大致知道故事情节，所以尽管有很多生字，也大致能读懂。等她读到超过我读的部分，我就经常假装没时间看，又表现出急于知道某个人后来怎样了，让她把看到的情节讲给我听，并和她一起聊这里面有趣的人和事。这让圆圆越读越有兴趣了，到读完这部书，她开始对自己的阅读能力有了信心。

读完这本书后，我和圆圆一起看了一下该书的前言，知道金庸一共写了十四部武侠小说，取每部第一个字连成一副对联："飞雪连天射白鹿，笑书神侠倚碧鸳。"这样美的文字让圆圆很好奇，她说还想看金庸的小说。我就说这么多书要是买的话挺费钱，不如租来看吧。于是带她去租书。

这以后，她越读越多，越读越快，阅读兴趣和能力很快呈现出良好稳定的状态。圆圆一口气读完了金庸所有的武侠小说，从此发现了读长篇小说的乐趣，再往后读长篇小说就成了一件非常简单的事。

当时我的一位同事，说她儿子不喜欢任何阅读，连故事书都不读，似乎对阅读有一种恐惧，作文写得很差。当妈的为此很发愁。她知道圆圆读了很多书，就特别希望她儿子和圆圆认识，受些影响，也能喜欢读书。

有一天我领圆圆到她家玩，她儿子比圆圆高一个年级，当时读小学五年级，看我们来了很高兴。

我们刚坐下，同事就对她儿子说，你看圆圆比你小两岁，人家已读了好多书，你以后也要多读些书，不能整天光是玩儿。

这种对比让小男孩显出难为情。

我赶快让两个孩子到另外一个屋玩，然后提醒同事不该对着外人这样说孩子，这样会让孩子对阅读更没信心，而且觉得很丢面子。**孩子其实是很要面子的，如果你想让他做什么事，应该恰当地对着外人流露出对他这方面的赞赏。**

我还提醒她说，如果你想让孩子喜欢课外阅读，就千万不要直接要求他"读书去"，也不要总拿他爱不爱读书这事当话题来聊，更不要用阅读的事来教训他。

接下来我把自己如何"诱惑"圆圆读小说的过程对她讲了，想她应该能从中体会出一些东西来。

我们走的时候，男孩也出来送。他妈妈也许是出于客气，又对儿子说，你看圆圆已经把金庸的小说都看完了，回头我也给你租几本来看。男孩子有些迟疑地点点头。

我隐隐觉得她这样说还是不太妥当。她其实仍然在用一个孩子的强，对比另一个孩子的弱，而且她的话说得实在太明白，目的性太强了，没给"诱惑"留下一点余地。

后来这位同事唉声叹气地对我说，她租了金庸的书，但她儿子就是不读，一本书三天看了三页，然后就再不肯往下看了。

我不得不坦率地对她说，你找了个榜样，却没找到激励孩子的突破口，只是用别的孩子的好，对比出了他的不足，所以没从心里打动孩子。儿童阅读靠的是对读本的兴趣，一个小孩子，怎么可能为了不比别人落后而去读呢！

她问我怎么办，考虑到"金庸"已给孩子带来压力，我说，你暂时不要再提读小说的事，他对文字那么恐惧，只能先从最简单的东西开始读起。这样吧，你先订份晚报，上面天天有一些有趣的社会新闻，这谁都爱看，是最消遣的东西。你每天看到哪条新闻有趣，就推荐给孩子读，不要多，每天一两条就够了。先引诱他读报纸，如果他能经常浏览报纸，慢慢就会觉得阅读不那么可怕，然后再想办法让他读小说。

过了几天，这位同事见了我的面还是摇头，说她儿子连报纸也不肯看。我奇怪这个孩子为什么对文字这么刀枪不入。细细地了解过程后，发现家长的做法总是不得要领。这种情况下，孩子要是愿意去读才怪呢！

原来，这位同事那几天每天下班买份晚报，回家后就把报纸递给孩子。她也试图使用"诱惑"办法，就总对孩子说，读报纸有好处，这张报纸很好看，你至少要读一到两篇文章，想读哪篇读哪篇。她为了检查孩子读没读，每天要在孩子睡觉前让孩子把读过的内容讲给她听。孩子只读了几天，又开始为了读报纸和她顶牛。

这位妈妈虽然每次把该做的好像都做了，却总是达不到目的，她说她对儿子的阅读简直绝望了。

我不得不再一次坦率地对她说，你的行动中有一点"诱惑"，但实质上还是在"指令"。你规定他至少要读一两篇，还去检查孩子读没读，这样读报纸就变成了"任务"。你要把自己放到孩子的位置上好好想想，感受一下什么才叫诱惑。**如果你总是站在家长的角度上想问题，就很容易一次次地把诱惑变成指令，一次次地失去效果。**

并不是所有的家长都这么一根筋，很多人一旦理解了阅读的重要，也能同时理解诱惑的重要，并会创造一些诱惑的手段。但其中不少人的手段也往往失效，因为这些手段所制造的诱惑敌不过另一个诱惑：电视机。

如果一个孩子从小建立起了阅读的兴趣，他一般不会让电视夺走自己的阅读时间；但如果孩子一直以来很少接触书籍，在电视机前长大，你想要让他半路开始阅读，那是比较难的，需要动用更多的手段。

家长绝不可以采用强行关电视的方法来让孩子读书。即使关了电视，也不可能让孩子心甘情愿地拿起书；即使他拿起了书，也不可能用心去读。有些家长问我这种情况怎么办，我给他们支过一个"歪"招，一些人用了效果很好。

我建议他们把电视机的某根线拔掉，或把一个什么配件取下，使电视不能正常播放。家长假装说电视机坏了，然后找出各种借口拖延修电视的时间。少则一两个月，多则半年一年。在这段时间里，父母开始读一些书，然后适时地给孩子推荐一本有趣的书，让他在百无聊赖中发现阅读的乐趣。等到孩子真正一本接一本地开始读书了，再去"修"电视。

为了防止电视"修好"后，孩子又回到没完没了看电视的状态，家长可以利用这个契机提出看电视机的规定，并且要以身作则。

在看电视的规定上，我认为不规定时间，只规定看哪几个节目较好，这样比较好掌控。规则一旦定出来，就要执行，父母首先不做破坏者，也要少看电视，抽时间看些书，这对孩子是无言的教育。这里面的核心也是不动声色地诱惑，不要有冲突。

也许有些家长觉得这招有些"馊"，操作起来太麻烦，不如直接关电视方便。更有许多父母，他们不希望孩子看电视，对自己看电视可是一点不想限制。

不止一位做妈妈的听我这样建议，都拼命摇头，说自己晚上没事干，不看电视干什么呢；或是丈夫不会同意这样，因为丈夫工作很累，每天回家要放松。这种时候，我觉得自己真是"无计可施"了。

榜样的力量是无穷的，希望孩子是怎样的，就要让孩子看到一个怎样的榜样。家长如果任性而为，有什么办法不培养一个率性而为的孩子呢？你不想诱惑孩子去读书，那只好让电视诱惑孩子一天又一天地在它面前消磨时间了。

　　人最难抗拒的就是"诱惑"，最讨厌的是"强迫"，大人和孩子都一样。在教育中，想要孩子接受什么，就去诱惑他；想要他拒绝什么，就去强迫他——这是非常有效的一招。凡达不到目的、做得事与愿违的家长，一定是把方法用反了。

"好阅读"与"坏阅读"

儿童的语言中，事情总是充满"好""坏"之分。我现在就借用他们的话语模式，谈一下儿童课外阅读中哪些做法是好的，值得提倡；哪些做法不好，要注意避免。请允许我以孩子的口吻，简单地把前一种称为"好阅读"，后一种称为"坏阅读"。

好阅读尽量用书面语，坏阅读抛开书面文字大量使用口语。

这一点是针对在孩子还不识字，由大人给孩子讲故事阶段的阅读而言的。

家长在给孩子讲故事时，担心孩子听不懂，就尽量用通俗的口语来讲。这样做不太好。正确的方法是，从一开始，就应该尽量使用标准的、词汇丰富的语言给孩子讲故事。尽早让孩子接触有情节有文字的图书，从你给他买了有文字说明的图书起，就要给孩子"读"故事，不要"讲"故事。这一点，在本书《让孩子识字不难》一文中有较为详细的说明，这里不再赘述。

好阅读要求快快读，坏阅读要求慢慢读。

在课外阅读上，一些家长和老师犯的最无聊的一个错误就是要求孩子慢慢读，一字一句地读。这是不对的。

衡量一个人的阅读能力高低有三个方面：理解、记忆、速度。这三方面相辅相成、互相促进。

速度是阅读能力非常重要的一个方面。一字一字读的人阅读能力最低，一行一行的较好，能达到"一目十行"的最好。"一目十行"是个比喻，指人的阅读已达到一种非常熟练、自如的程度，阅读的视角宽，注意范围大，一次扫视可以从一行扩展到几行。

阅读必须达到这种半自动化的程度，阅读的内容才能被整体把握和吸收，才有利于理解和记忆。一字一字地读会阻碍这种半自动化状态的形成，所感知的阅读材料是零散和不完整的。

人的阅读速度既不是天生的，也不是主观上想快就能快起来的，且不可能用某种训练方法轻易获得。速度取决于阅读量，是在"量"的基础上自然生成的。儿童在这方面进步惊人，一个酷爱读书的小学生，他的阅读速度很快就会形成，且由于他们在阅读中想法单纯，急于知道后面的故事情节，所以速度常常会超过那些同样酷爱读书的成年人。阅读量不相上下的孩子，他们的阅读速度大体相同。所以**在提高阅读速度上，也不需要人为地去做什么，只要保证孩子有足够的阅读量就可以。**

我女儿圆圆小学时就读完了金庸全部武侠小说，共十四部，大约三四十本。我只给她买了一套《倚天屠龙记》，其余的都是租来看的。当时的租金是每本书一天五角钱。她开始读得慢，很快就越读越快，在天天上学的情况下，每本书只需要 1—1.5 元租金，即两三天就读完；到了假期，则每天读一本。我估算了一下，这个八岁的小孩子，她当时读一本二十万字的小说，累计阅读时间大约只需要四五个小时。她的这个速度并不神奇，别的孩子读了那么多书，速度自然也会这么快。

在提高孩子阅读速度上，有一些细节要注意。

第一，不要让孩子低低地读出声来。

学校里会经常要求孩子们低声读课文，那只是读课文，不属于我们这里说的课外阅读范畴。课外阅读不应该出声。出声读，既不能很好地理解文章的意思，也不能增加速度，是一种不好的阅读方式。

第二，不要一遇到生字就要求孩子查字典。

孩子在初期阅读时，生字肯定不少，不停地查字典是对阅读的不断打扰，会破坏他的兴趣。孩子刚开始读篇幅较长的作品，原本就对自己的识字量底气不足，担心是否能读懂。家长倒是应鼓励孩子，有不认识的字没关系，只要能看懂就行。如果有些生字影响了理解，或者在作品中是关键字，可以问家长。这样让孩子觉得很便捷，阅读起来有轻松感。我见过有的家长明明认识那个字，却偏偏不告诉孩子，让孩子自己去查字典，可能是认为查字典可以让孩子记得更牢。这种做法没有意义，事实是大部分孩子在阅读过程中都不喜欢被什么事情打断。有些孩子喜欢查字典，当然也不要阻拦，重要的是尊重孩子自己的选择，让他能愉快顺利地阅读。

第三，可能的话，尽量租书看或借书看。

租书或借书可以促使孩子尽快把一本书看完。圆圆看全套的金庸武侠小说基本上都是租着看的，她为了省租金，就有意识地抓紧时间看，每本书最多借三天，到了假期一天一本。多借几天虽然多花不了几个钱，但一元钱左右就能读一本书这种感觉很让她兴奋，这无意中也促进了她快速阅读的愿望。

好阅读在乎读了多少，坏阅读计较记住多少。

许多家长在孩子读完一本书后，总喜欢考查他"记住了多少"。

有位家长，也听取了别人的建议，同意让孩子看课外书。孩子刚读了第一本小说，家长就迫不及待地要孩子复述这个故事，背会其中的"优美段落",要孩子在写作中用上小说中的一些词语和素材,甚至还要求孩子写读后感。到孩子读了第二本小说,她就责怪孩子把第一本小说中的故事情节和人物忘得差不多了,认为前一本书白读了。家长这样做简直是故意给孩子制造绊脚石。这反映了家长的两个问题,一是不理解阅读,二是功利心太切。这样做的结果,只能是搞得孩子厌恶阅读。

当儿童面对一本书时,如果有人向他提出了识记的要求,他就会把注意力转移到识记上,而把阅读的兴趣放到次要的地位。一旦孩子意识到读完一本书后有那么多任务等着他,他就不会想再去读书。

破坏兴趣,就是在扼杀阅读。

应该让儿童感觉到阅读是件有趣的事,除了有趣没有任何其他目的。恰是这种"没有任何其他目的",才能让孩子喜爱这项活动。

儿童阶段的阅读大多是童话和小说,孩子只要喜欢读,说明他已被书中的故事吸引,他和书中人物一起经历过种种事件,并最后一起迎来一个结局,这本书就在孩子的生命中留下了痕迹。具体内容根本不需要孩子专门去记忆,即使他把三个月前读的一本小说的主人公名字都忘记了,也不能说他白读了。

至于背诵作品中一些"文字优美的段落",更是和学习语言没有必然的联系。如果段落真优美得打动了孩子,他自然会去模仿和记忆;如果"优美段落"是家长选定的,孩子不一定承认它优美,这样的背诵就没什么意义。阅读是一种润物无声的影响,在语言上也是这样。背会别人的段落不等于自己就能写出这样的段落,语言学习最重要的是形成自己的语言组织能力和风格,与其背诵一段孩子并不喜欢的文字,不如让他用这个时间多读一本书。

俗话说:"内行看门道,外行看热闹。"**中小学阶段的课外阅读差不多都属于"外行"阶段,孩子能看"热闹"就已很好,不经历这个阶段,也难以达到内行的阶段。家长和教师最好不要急于让孩子读了一本书就**

看到这个意义，体会出那个感想，记住多少东西。你对孩子看电视、玩游戏怀有怎样无功利的心态，就应该对他的阅读给出怎样无功利的言行。

阅读的功能在于"熏陶"而不是"搬运"。眼前可能看不出什么，但只要他读得足够多，丰厚的底蕴迟早会在孩子身上显现出来。

事实是，家长越少对儿童提出不适当的记忆与背诵要求，儿童通过阅读掌握的知识越多。苏霍姆林斯基对此有深入研究，他发现，"人所掌握的知识的数量也取决于脑力劳动的情感色彩：如果跟书籍的精神交往对人是一种乐趣，并不以识记为目的，那么大量事物、真理和规律性就很容易进入他的意识"。[1]

好阅读读字，坏阅读读图。

有位家长说他的孩子整天都在读书，他给孩子的钱，孩子大多用来买书了，一套几十本，没几天就读完了，可他的孩子作文水平却很差，不知是怎么回事。

我问他孩子都读些什么书，他说基本上都是漫画书——难怪！

我对这位家长说，看漫画不叫读书，漫画不是书，漫画只是以书的形式出现的电视。你说你的孩子一直在"读书"，其实他一直在"看电视"。

当下社会正处于一个"读图"时代。所谓"读图"就是看漫画、电视或电脑等，是以图像为主的接受信息方式。读图时代的到来对传统的阅读形成冲击。一个二十世纪六十年代出生的孩子，从小生活在信息匮乏的环境中，到上了中学后偶然遇到一本书，他会如获至宝地去阅读，他阅读的兴趣可能就此建立；但一个九十年代之后出生的孩子，从一出生就被各种信息刺激包围，如果他童年的大部分时间是在电视前度过，他

1 [苏]苏霍姆林斯基，《给教师的建议》，杜殿坤译，教育科学出版社，1984年6月第2版，391页。

对图像会更感兴趣，图像占据了他的输入渠道，建立阅读文字兴趣的最好时光错过了，他以后很难对阅读产生兴趣。

现在患"电视痴迷症"的孩子太多了，这和家长的一些观念有关。一些家长虽然也希望孩子长大后是个爱读书的人，但并不在意儿童的早期阅读，把孩子的早期阅读看得可有可无。有的认为电视里也有知识，让小孩子多看电视也能长知识；有的认为孩子没识多少字之前，先看电视，等识字多了再读书；还有的认为孩子就应该活得自由自在的，只要写完了作业，他想干什么就去干什么。他们不知道这是在错失良机，这种想法让孩子与一个好习惯失之交臂。这种损失多半会影响一生。

"读图"取代不了"读字"的作用。"读字"之所以优于"读图"，在于以下原因。

文字是一种抽象的语言符号，可以刺激儿童语言中枢的发展，并且这种符号与儿童将来学习中使用的符号是一回事，他们在阅读中接触得多了，到课程学习中对这种符号的使用就熟练而自如，这就是"读字"可以让一个孩子变得聪明的简单陈述。

而漫画、电视和电脑都是以图像来吸引人，尤其电视，这种刺激信号不需要任何转换和互动，孩子只需要坐在电视前被动接受即可。看电视当然也可以让孩子多知道一些事，但它的"读图"方式和被动接受性相对于阅读来说，在智力启蒙方面的作用微乎其微。学龄前儿童如果把许多时间都消磨在电视前，他的智力启蒙就会受到损害。从进入小学开始，他的学习能力就会低于那些经常读书的孩子。

而且，习惯"读图"的孩子，已习惯被动接受，不习惯主动吸收，他在学习上也往往表现出缺乏意志力。台湾著名文化学者李敖用他一贯激烈的口气说："电视是批量生产傻瓜的机器。"

孩子"读字"的时间开始得越早越好。读书和识字量没有必然关系，和年龄更没关系，随时都可以开始。儿童最早的阅读就是听家长讲故事，从父母给孩子讲慢慢过渡到孩子自己看，从看简单的连环画慢慢过渡到看文字作品，从内容浅显的童话慢慢过渡到名著等等。只要去做，这些过渡都会非常自然地到来。

儿童的天性都喜欢阅读，凡那些表现出不喜欢阅读的孩子，都是因为家长没有在合适的时机给他们提供合适的阅读环境。要么是家中很少买书；要么是买了书懒得给孩子讲；要么是整天用电视机哄孩子，总之，孩子从小与阅读是隔离的。

其实"读字"并不完全反对"读图"，这两种阅读完全可以在孩子的生活中共存。我的女儿圆圆也非常喜欢各种"读图"活动，她从小到大一直喜欢看动画片，上大学了还经常看，书架里有很多漫画书，但这些不影响她的"读字"活动。她对"读字"的兴趣早就稳定地形成，她知道如何按轻重缓急、按自己的需求分配阅读时间和阅读内容。

那些从小到大把大部分业余时间用来"读图"而不是"读字"的孩子，他的阅读其实仍停留在初期阶段，阅读所带来的一系列智力成长也不可能实现。这种损失源于他早年生活中"读字"活动没有及时出现——这是个很大的遗憾。这样一个遗憾，难道不该归咎于家长和教师，乃至全社会对儿童阅读的轻视吗？

好阅读读正版原著，坏阅读读"缩写本"或"缩印本"。

"缩写本"指把名著进行大量删节，变成字数缩减、内容和语言都比较简单的改编版。我认为这是把一只新鲜苹果做成果脯的行为，至少我在书店看到的几个所谓"儿童版"《三国演义》这类书给我留下了这样的印象。

"缩印本"指总字数不减少，但把文字缩小，每页排得密密麻麻的那种书。这种书可能多半出自一些不知名的小出版社或盗版者手中。比如把一部《红楼梦》做成一本书。这样的书可能仅仅方便携带，但读起来很累，阅读感觉不好，容易使孩子厌倦；此外错别字可能也比较多。所以也不要给孩子读缩印本。

名著是经千百年千万人筛选出的杰作，这些作品一定要选择知名度较高的出版社出的原版作品来让孩子读。

每个人都喜欢"好东西"，不喜欢"坏东西"，孩子更是把好与坏区分得势不两立，他们纯如一张白纸的生命底片上会留下怎样的痕迹，与他们成长中千万个细节的好坏有必然的联系。教育全在细节中，每个看似微小的"好""坏"细节，对孩子的影响都可能是巨大的。阅读对孩子的成长很重要，家长和教师要尽量给孩子提供"好阅读"，避免"坏阅读"，这也是你给孩子提供良好教育不可或缺的一部分。

不看"有用"的书

　　不看"有用"的书，不是说不给孩子选好书，而是在选择中要以孩子的兴趣为核心要素，不以"有用"为选择标准。

　　有一位初一学生的家长，发愁自己的孩子不会写作文，问我怎么能让孩子学会写作文。

　　当我了解到她的孩子很少读课外书这个情况后，建议她在这方面加强，并给她推荐了两本小说。她给孩子买了这两本书，孩子读了，很喜欢，读完了还要买其他小说来看。为此她给我打了电话，显得非常高兴。但过了一段时间，再见她时，提到孩子阅读的事，她却又是一脸愁容，说现在孩子又不喜欢读课外书了，不知该怎么办。

　　原来她在孩子读完这两本小说后，就急忙给孩子买了一本《中学生作文选》。妈妈的理解是，读课外书是为了提高作文水平，光读小说有什么用，看看作文选，学学人家怎么写，才能学会写作文。可孩子不愿意读作文选。家长就给孩子提条件说：你读完作文选才可以再买其他书。孩子当时虽然答应了，但一直不愿读作文选，结果作文选一直在那里扔着，孩子现在也不再提说要买课外书了，刚刚起步的阅读就这样又一次搁浅。

　　这位家长的做法真是让人感到遗憾，她不理解小说的营养价值，也没意识到阅读是需要兴趣相伴的。她认为读小说不如读作文选"有用"。这种想法，好比是想给孩子补充维生素，却拿一盒腌制的果脯取代一筐新鲜苹果，大错特错。

　　我一直不赞成学生们读作文选，所以也从不让圆圆读。她的课外阅读书籍大部分是小说，此外有传记、历史、随笔等。只是在高三时，为了把握高考作文写作要点，才读了一本《高考满分作文选》。圆圆高考作文取得了很好的成绩，也许与她研究过那些满分作文有一定的关系；但我在这里想强调的是，如果没有她十几年来持续不断的阅读和业已形成的良好的文笔，高考前读多少本《满分作文选》也没用。恰因为她有丰富的阅读垫底，才能在很短的时间里从作文选中把握到高考作文的写作诀窍。

　　现在，不少家长不关注孩子的课外阅读，只是热衷于给孩子报写作班，买作文选，订中小学生作文杂志，这是一个极大的认识误区。

　　我看过一些《中小学生作文选》和作文杂志，上面刊登的文章当然都还文从字顺，对于一个孩子来说，能写出那样的文字已经不容易了。但它们写得再好，也不过是些学生的习作，无论从语言、思想还是可读性上，都非常稚气。这些东西只是习作，不是创作，除了老师或编辑，谁愿意看这些东西呢？

　　况且很多作文根本不是孩子们的自然表达，指导的痕迹太重，说些言不由衷的话，甚至有"文革"遗风、八股腔调。这样一些文字，既不能在语言词汇上丰富孩子的见识，也不能在思想上引导孩子们的进步，反而教会孩子们在写作中说虚情假意的话。拿这些东西来给孩子读，他们怎么可能喜欢呢？

　　不少《中小学生作文选》的出台非常有意思。

　　三两个人，弄个书号，租间民房，然后以某个作文大赛组委会的名义向全国各地广发征文信函。凡投稿的基本上都能被选中，然后就告诉你作文已获几等奖，获奖作品将结集出版，每本多少钱，至少需要购买几本等。家长把钱寄过去以后，大部分确也能收到登有自己孩子作品的书，只是书很厚，里面的字排得又小又密，从目录来看，获奖的人非常多，找半天才能找到自己孩子的名字。这种作文选的质量可想而知。

如果说上面一种掏钱买发表的事在盛行一段时间后，已显得有些笨拙，下面一种新兴的掏钱买发表就显得比较高明，更容易忽悠得家长和教师动心。

我听一位小学老师对我讲了这样一件事。某国家级教育科研所向她所在的小学发出共同做课题的邀请。所谓"课题"内容，就是小学要征订至少五百本该所办的一份杂志。这份杂志专门刊登小学生作文，全年十二期，每本六元。教科所给每个合作学校的回报是，每年每所小学可在杂志上发两三篇学生的作文，或一个有关学校的彩色封面。合作校在合作期间可以邀请教科所的专家来学校进行讲座，费用另计。个别教师将来还有机会在教科所的"课题"上署名。杂志不发表非合作校学生的作文，也不对外公开发行（因为没有发行刊号）。

这能不能叫"课题"且不说，我们单从学生的角度看看孩子们收获的是什么。

每个学生一年花七十二元买这本《小学生作文选》，每校至少得有五百名孩子订阅，那么一所学校一年就要给这本杂志贡献至少三万六千元。然后只有两三名学生有机会在这本并不公开发行的杂志上发表作品——这还不是最不合算的地方，最不合算的是，这样的杂志孩子们不会有兴趣去读它，七十二元钱购买来的基本上是一堆废纸。

这位老师感叹说，如果每个孩子用这个钱购买两本小说，然后把所有的书汇集到一起，各个班办个图书角，那是多么有价值啊。据那位老师了解，教科所这个"课题"不仅和小学合作，还和中学合作，合作单位还真不少。

我奇怪地问她，现在不是不允许向学生指派课外辅导资料吗，学校怎么可以组织学生订杂志呢？

这位老师说，学校确实不强迫，总是强调"自愿"。但老师们经不住学校负责人的动员，学生们经不住老师的动员，家长经不住孩子的要求，再加上"课题""教科所"这些招牌，一所千人以上的学校想集起五百个订户很容易。

我能理解这位有良知的教师的忧虑。用读作文选或作文杂志取代日常阅读，是一种对阅读的误解，反映了人们对如何培养学生写作技能的浅薄认识。并非操作者都对此认识不清，社会各方都有自己的利益计算，急功近利可以让人变得既冷漠又盲目。可怜的只是孩子们，他们不光浪费了钱，更浪费了学习机会。

这位老师感叹说，不光是成人，孩子们现在也变得功利了。很多孩子不喜欢课外阅读，又想找到一个写作文的捷径，也以为看作文杂志就能提高作文水平，所以对订这份"国家级教科所"办的杂志很有热情。事实上经她观察，这些杂志到了孩子们手中，他们只是大略地翻一下，看看有没有本校的东西，至于内容，几乎没有人认真地去读。

孩子没有选择能力，这可以理解，"国家级教育科研所"的行为我们也管不着，但家长和教师有责任给孩子介绍一些好书。在阅读书目选择上，至少要"己所不欲，勿施于人"。一本好看的小说和一本作文选摆在面前，问一下自己爱看哪个，答案就出来了。

所以在这里我首先想强调的就是，**作为常规阅读材料，作文选没有意义**。

时代在变化，不变的是市场和利益总是会来算计中小学生，教师和家长应该以不变的心态对付万变的"忽悠"，只把有营养的好作品输送给孩子，把没营养的差的东西挡在门外。

还有一种情况。有些家长虽然没买作文选，却只给孩子买散文精选、短篇小说集等。他们认为孩子小，功课紧，适合读篇幅较短的东西。每当我看到家长为孩子挑选诺贝尔奖获奖作者散文精选集之类的书，心里总是忍不住怀疑，孩子看吗，尤其是小学阶段的孩子？

考虑到中小学生阅读的延续性和量的积累，我认为他们应该重点读长篇小说。

首先是小说比较吸引人，能让孩子们读进去；其次是长篇小说一本书讲一个大故事，能吸引孩子一口气读下去几十万字。

中小学生对散文，尤其是翻译散文大多不感兴趣；而短篇小说讲得再精彩，读完了也最多只有一万字。孩子们可以一鼓作气地读完一个大故事，但很少有人能一篇接一篇地连续读二十个小故事。经常读长篇小说，更容易养成孩子大量阅读的习惯。好的短篇作品可以给孩子推荐一些，但不要成为主力和唯一。

在读什么的问题上既要给孩子一些引导，也要尊重孩子的意愿。**选书时，先考虑有趣，再考虑有用。**

我女儿圆圆最早读的长篇小说是金庸的武侠小说。我之所以当时建议她读金庸的书，是因为金庸的小说悬念重重，情节有趣，能吸引人读下去；而且他的文字非常规范，笔法老练，读来感觉通俗流畅。里面充满爱恨分明的情感，符合儿童的审美心理。有一些爱情描写，但都有着不食人间烟火的纯洁和干净。所以我后来也向很多人建议，让孩子去读金庸吧！

其实我自己并不是金庸小说的爱好者，假如中学时代看到他的作品，可能会很喜欢，但我看到他的小说时已工作多年，阅读口味已不在这里了。后来读了两部，也只是为了带动圆圆的阅读。

圆圆一接触这些书，果然就被迷住了，用不到半年的时间一口气把金庸十四部武侠小说全部读完。我本来以为她读完这些书后应该读更好的书，就给她推荐几本名著，但发现她兴趣不大。

有一天我们在书店里看到卖《还珠格格》成套的书，她当时正热衷于看这个电视剧，眼睛一亮，就忍不住翻起来，发现里面情节和电视剧基本一样，有些兴奋，就买了一套，这样她就可以在电视剧播出之前了解到故事情节了。我记得那个书一套有很多本，她很快就看完了，因为她对这个故事太感兴趣了。

到圣诞节，我又买了整套《还珠格格Ⅱ》作为礼物送给她，圆圆喜欢极了，又一口气把那么多本看完，而且不止看了一次。她经常会随手翻开哪一段，饶有兴趣地读上一会儿。

很多人批琼瑶小说浅薄，批《还珠格格》没有"品位"，仿佛让孩子读这样的书就是给孩子指歪道。我是这样想的，有没有品位要看针对谁来说。琼瑶的作品确实不是黄钟大吕之作，但琼瑶的文字也非常规范、丰富、干净，对于一个八岁的小女孩来说，她喜欢可爱的"小燕子"，喜欢里面起伏有致的情节，这个书就是适合她的。

至于读"经典"，我相信只要孩子有足够的阅读基础，终有一天会对一些经典作品感兴趣。

我见过一位家长，她很注意孩子的阅读，从孩子在幼儿园时就开始讲安徒生童话，孩子上小学识字后让孩子读插图本的安徒生童话，孩子上初中后，她又买来了厚厚的一本纯文字的安徒生童话全集和诺贝尔奖获奖作家散文选。结果可想而知，孩子"不好好读课外书了"。

还有一位家长，他一考虑到孩子需要读些书，就直接买来《安娜·卡列尼娜》《钢铁是怎样炼成的》等，结果是他也很直接地把孩子吓住了。

这些家长为孩子提供着"经典"，旁人对他们的选择可能也提不出什么批评。**孩子们虽然不知道自己需要哪本书，但他们知道不需要哪本书，对于没有兴趣的东西，他们只有一个态度：拒绝。**

所以，在给孩子选择阅读书目时，要了解孩子，然后再给出建议。不要完全用成人的眼光来挑选，更不要以"有没有用"来作为价值判断，要考虑的是孩子的接受水平、兴趣所在。

我还见过一位家长，她发现自己正在读初中的孩子爱读韩寒、郭敬明等一些少年成名的人的作品，大惊失色。其实她自己从没读过这些人的作品，不知为什么，就主观地认定这些作品不健康、没意思，总是阻拦孩子去读。结果因此和孩子常发生冲突，凡她推荐的书，孩子一概拒绝；凡她不让看的，孩子就要偷偷去看。

我的建议是：家长自己如果经常读书，心里十分清楚哪本书好，可以推荐给孩子；若家长总能给孩子推荐一些让他也感到有兴趣的书，孩子其实是很愿意听取家长的指点的。但如果家长自己很少读书，就不要随便对孩子的阅读指手画脚，选择的主动权应交给孩子。

2000 年教育部颁布的语文教学大纲规定出了中学生必读的三十部名著，中外各十五部。我不清楚近年有没有修改。这三十部书都是经典之作，可以作为选择参考。但是否适合全部推荐给中学生，恐怕还需要斟酌，毕竟有些作品离当下孩子们的生活太远，而可读性又不是很强，也许它只是适合孩子们长大了再读。（更新为当前的书目比较好。）

真正适合孩子的东西他一定不会拒绝，他拒绝的，要么是作品本身不够好，要么是和他的阅读能力不匹配。

在这里要提醒家长的是，一定要让孩子到正规的书店买书，不要在地摊或一些不三不四的小店里买，以防买到内容低俗的书刊。凡在正规书店里买到的，并且孩子感兴趣的图书，应该都是适合他看的。

即使对成人来说，持久的阅读兴趣也是来源于书籍的"有趣"而不是"有用"。

不看"有用"的书，不是说不给孩子选好书，而是在选择中要以孩子的兴趣为核心要素，不以"有用"为选择标准。

事实上"有趣"与"有用"并不对立，有趣的书往往也是有用的书。一本好小说对孩子写作的影响绝不亚于一本作文选，甚至会超过作文选。陶行知先生就曾建议把《红楼梦》当作语文教材来使用。所以，我在这里说"不读有用的书"是一种矫枉过正的说法，目的是强调关注"有趣"。只有"有趣"，才能让孩子实现阅读活动，只有实现了阅读活动，才能实现"有用"。

修得一支生花笔

一个从阅读中经历了古今中外各种社会生活、经历了漫长历史发展、倾听了众多智慧语言、分享了无数思考成果的孩子，不仅在思想上更成熟，在价值观上也更完善——这是做人的根本，也是为文的条件。

关于"妙笔生花"这个成语有个故事，说一个秀才梦到自己的毛笔头上盛开一朵莲花，梦醒后他就一下变得才情横溢、下笔如有神了。

成语反映了人们长期以来的一个愿望，也是很多人试图解决的一个难题：如何能写出好文章。特别是当下许多中小学生，写作文是他们最头疼的事。假如有什么办法能解决这个问题，那这个办法一定是孩子们"梦寐以求"的。

我个人从事过十多年语文教学工作和多年的文字工作，也喜欢写作。我女儿圆圆的作文一直写得不错。在我的记忆中，她从小学开始，作文本上几乎没出现过病句，错别字也很少，成绩总是很好。尤其上高中后，她的作文经常被老师当作范文，推荐给同学们看。2007年高考时，圆圆的语文获得了 140 分的好成绩。据媒体报道，当年北京市文、理科近十二万考生中，语文成绩达到 140 分以上的总共只有十二人。她的作文肯定也获得了高分——这里面可能有运气的因素，但也能说明她的写作水平确实是不错的。

基于这些原因，经常有人问我，如何培养孩子的写作能力。而我总结多年来的经验，得出的只有两个字：阅读。

身为语文老师，我从不喜欢给学生讲所谓的"写作技巧"。观摩过一些教师的"作文课"，总觉得那样的课不过是教师们自娱自乐的表演，对学生的写作没什么作用。人们把写作技巧这个事弄得太复杂了，总结出了那么多方法，一些完全不会写作的教师，竟然也能把"写作技巧"讲得头头是道——这也可以反过来证明这些"写作技巧"对学生没什么用处。

"美"和"简单"往往是同义语。学习写作也一样，最好的技巧应该是最简单的。阅读对写作来说，是最根本、最重要、最有效的"大技"；而抛开了阅读所讲的种种技巧，最多可以称为"小技"。有了大技，小技不请自来；没有大技，一切小技都没有实现的条件。

我一直重视圆圆的阅读。大约从她一岁左右就开始天天给她讲故事，也许她开始时听不懂，但她喜欢听，明亮的双眸入迷地盯着我的嘴或书，不哭不闹的。等她稍大一些能听懂后，就不断地要求我给她讲故事，每个故事都要一遍又一遍地听。不管她要求讲多少次，我几乎从不拒绝。

每个婴幼儿都喜欢听故事，都喜欢看书。如果说有的孩子表现出不喜欢读书，不喜欢听故事，一定是由于家长没及时让他接触阅读，把最好的时机错过了，孩子对阅读的兴趣被其他东西（电视、电脑等）取代了——很多家长把这件事轻视得如同孩子不小心撒了碗饭一样，事实上这是非常大的损失。

"不让孩子输在起跑线上"是当下家庭教育的流行语，每个家长都这样想，每个家长都会这样说，但为什么孩子跑着跑着就落后了？为什么失望的家长总是大多数？就因为儿童教育中许多输赢概念被搞错了。按错的概念去做事，当然会把事情弄糟。

在儿童早期教育中，家长们更愿意看到那些立竿见影的效果。人们热衷于把孩子送进学前班提前去学拼音、学外语，热切期待孩子每次考试都能拿好成绩，热情地给孩子报许多个课外班，培养各种才艺，他们认为这就是在起跑线上领先一步了。而早期阅读做没做，暂时看不出什么差异。从学前到小学毕业，甚至到初中，课外阅读少的同学如果只针对各种考试学习，也能常常表现出成绩方面的优越。这给不少家长带来幻觉，以为课外阅读可有可无，甚至认为它会影响学习，所以一般不会引起家长的注意。

事实上，**不重视儿童阅读是早期教育中最糟糕的行为之一，从小形成的阅读差别才是日后重要的"输赢"差别。很少获得阅读熏陶的孩子，即使他们小时候表现得聪明伶俐、成绩优良；但由于他们智力能源储备得很少，往往从中学开始，就会表现出综合素质越来越平庸、学习上越来越力不从心的趋势**。这方面的艰难和困惑可能会伴随他们一生。而那些阅读量大的孩子，一般来说他们不仅从小表现聪慧，而且在学习上有很强的爆发力。就一个人一生的发展来说，他们从小就奠定了良好的阅读基础与兴趣，是真正赢在起跑线上的人。

具体到写作能力的培养，更是和阅读有直接的关系。没有阅读，就不可能有写作。

阅读不仅应该开始得早，而且应该读得足够多。

当前，国家通过语文课程标准规定小学生课外阅读文字总量不少于

145 万字，初中生不少于 260 万字，高中生不少于 150 万字。即到高中毕业，一个孩子的正常阅读量应该在 500 万—600 万字间——我感觉这是基于当前我国的实际情况给出的一个非常保守的标准——即便是这样，它也远远高于当下绝大多数学生的实际阅读量。

据一些调查数据显示，目前我国中小学生阅读量非常低，粗略估计平均阅读量应在国家出台标准的 20% 以下。为什么这么低？一些文章分析说，这是由于高考造成功课压力太大，"阅读动力不足"。

高考现在成了替罪羊，什么板子都往这里打。我认为根本原因是孩子的兴趣问题。高考为什么没让那些沉湎于游戏的孩子感觉功课压力大，从而对玩游戏"动力不足"？

中学生不爱阅读，这是做小学生时形成的问题，小学生不爱阅读，是因为学前和上学后家长和学校都没有用心调动他阅读的兴趣。

如果家长能及早培养孩子对阅读的兴趣，让阅读像吃饭一样，成为孩子生活中非常自然地存在着的一部分，到高中毕业读几百万字就是件非常自然的事。一个喜欢读书的孩子，阅读对他来说哪里有"压力"，他从中体会的就是吃饭或玩游戏般的简单和享受，你不想让他读他都不乐意。

圆圆从小学二年级开始读长篇小说，此后一直未间断阅读。在离高考只有三四个月时间的寒假中，她仍然在繁忙的学习间隙读了大约 40 万字的文学作品，这对她来说不是增加了负担，而是一种放松和补充。

粗略地算一下圆圆的阅读量，到高中毕业应该有 1500 万—2000 万字。这对爱读书的孩子来说并不算多，许多喜爱阅读的孩子的阅读量甚至能几倍于这个量。

学习语言最重要的是建立语感。圆圆的作文为什么从来不出现病句？因为她已千万次地见识过流畅的句子，建立起了良好的语感，积累了丰富的词汇。语感好、词汇丰富，写出的句子自然没有毛病。

大量阅读赋予孩子的，不仅是正确的表述能力，还有创作才华。圆圆的作文经常闪现出令人惊叹的才气，我甚至会产生自叹弗如的感觉。她高一时偷偷写的小说有一次被我无意中看到，文笔的流畅和老到很让我吃惊。因为我一直以来看的都是她写在作文本上的东西，那毕竟只能叫习作，不能叫创作。我当时觉得，她如果将来想吃文字这碗饭，也是有可能的。

并非圆圆有什么特别的天赋，别的孩子达到她这个阅读量，也会有良好的文笔。

我国语文教育长期以来总是做得很别扭。

语文教学从不敢跳出课本的框框，教师和学生都花费大量时间、精力对课文和句子进行"肢解"。段落大意、中心思想之类老掉牙的教学方法尽管一再遭到声讨，到现在仍然是中小学教学方法的主流。**每本薄薄的语文书都要无端地占用孩子们整整一学期的时间，这实在是巨大的浪费。**语文教师不重视学生的阅读，把本该最有趣的一门课做成最枯燥无味的课，我不止一次地听到孩子们说，他讨厌上语文课，更讨厌写作文。

我们的先辈，汉、唐、宋、明、清那些文人墨客，他们灿若星河的名字和作品形成了人类史上怎样辉煌的文化，可他们哪位是通过花了多年的时间去分析别人文章的段落大意中心思想、学语法、改病句后学会写作的？传统被抛弃后，我们到底供奉起怎样的一个东西，要它来统治一代又一代孩子的语文学习?!

几十年的语文教育其实已经证明，漠视课外阅读，想引导语感尚未成熟的中小学生通过学习语法写出结构正确的句子，通过分析别人的词采写出漂亮的句子，这是在绕远路，在隔靴搔痒。可以肯定的是，**在缺少课外阅读的前提下，语文书教不出学生的语文水平，作文课也不能教**

会学生写作文。

一条数学定理一旦被理解，就成为你自己的知识，可以马上应用，取得立竿见影的效果。而写作是一种开放性的、千变万化的活动，外部知识转化为自己的能力有很长一段路要走。任何写作"技巧"在理解上都没有难度，都是容易的，但吸收是难的，应用更难。尽管现在中小学作文课被讲得花样百出，许多教师在讲课上确实是花了心思，就课堂本身来说也没什么问题，甚至可以说有些课讲得很精彩，老师在修改学生作文上也不少下功夫。但如果没有学生大量的阅读作铺垫，这些活动就是把稻种撒进了沙漠，没什么意义。

中小学作文课及校外作文辅导班所讲的写作技巧，基本上都没什么用，意义寥寥。对于写作技能还比较幼稚的人，尤其对于低年级学生，学习写作一定要首先回到阅读中。好的作品中本身就包含着高超的写作技巧，阅读过程就是学习写作技巧的过程。书读得多了，写作技能自然会形成——古人早就总结出来了，"读书破万卷，下笔如有神"。

通过阅读提高写作能力，表面上看这是个漫长的过程，实际上它是最经济、最有效、最省心的办法，是真正的"捷径"。

但最简单的事情往往最难做到，急功近利的心态让许多人失去判断力。很多家长一直不重视孩子的阅读，却又想让孩子在短时间内学会写作文——市场需求就这样形成了。

现在不时看到能让孩子作文速成的广告宣传。我见识过几个所谓的让孩子当场学会写作文的"能人"，他们采用一些现场调动技巧，引导学生搭起一些思路框架，以常规教学中惯用的强制性手段推动学生填词造句，看起来效果真是不错，学生真的现场写出了一篇作文。可接下来呢，没有老师在旁边给搭架子，没有老师的强行引导，学生就不知所措了，既没词又没句，培训班结束后，学生的写作水平还在原地踏步。

写作和做人一样，是个长期修炼的过程。采用一些蝇营狗苟的技巧，利用几天的工夫，绝不可能教会孩子们写作文。

前几天还有个"三天学会写作文"的工作人员给我打电话，我不知他们是从哪里得知我的情况的。他们知道我女儿圆圆语文高考成绩好，而我本人做过多年语文教师又会写作，就希望我去现场传授经验。我说对不起，我女儿三天学不会写作，她是用十几年来学习的。我教了十多年书，也没练出三天教会孩子们写作文的能耐来。

写作从来不仅仅是文字的事情，它更是思想认识上的事情。文字所到之处就是一个人的思考所到之处。阅读的意义不仅在于让孩子具有良好的语言文字能力，还在于它能丰富孩子的心灵世界，提高他们的认识水平。

一个从阅读中经历了古今中外各种社会生活、经历了漫长历史发展、倾听了众多智慧语言、分享了无数思考成果的孩子，不仅在思想上更成熟，在价值观上也更完善——这是做人的根本，也是为文的条件。

那些心灵苍白、思想空洞、没有成熟价值观的人，纵使有一肚子精彩词句，也没能力摆弄出有灵魂的作品来。许多教师和家长都在批评孩子的作文"不深刻"，可文章中的"深刻"是一个人思想认识水平的刻度，如果孩子从未或很少从书籍中分享前人的社会生活经验、他人的思想成果，以他小小的年纪，有什么办法能"深刻"呢？

每一部书都可以让孩子从中经历一些东西，学到一些东西。杜威、陶行知等伟大的教育家都特别强调从生活中去学习。而每个人的生活都是有限的，不可能事事亲自参与，**阅读实质上就构成了儿童对生活的参与，构成他们经历上的丰富性。**

凡古今中外那些流芳几代的经典作品，不论它的内容是什么，其中一定包含着真善美的东西。这些真善美影响着一个人的价值观和思维方式，当然也影响着一个人的写作。**你是什么样的人，就会说什么样的话；你有怎样的思想意识，就会写出怎样的文字。**

一个不阅读的人是蒙昧的，一个不阅读的家庭是无趣的，一个不阅读的民族是浅薄的。政府提倡素质教育，可现在一提及素质教育，人们总是想到琴棋书画类的"小技"，最恶俗的如用打高尔夫球培养"绅士风度"，用跳校园集体舞培养"艺术气质"。

为什么没有人想到推广普及阅读呢？可能是阅读不容易造势，不容易很快形成让人看得见的"成果"吧！教育部以语文课程标准的形式规定了中学生必读的三十本中外名著，哪所学校把这当回事呢？有多少家长知道这回事呢？

无论从调查数据显示，还是从我们的常识来看，当前中小学校图书馆90%以上都是名存实亡的。也就是说孩子们几乎不可能从学校借到他们想要读的书。

孩子对于我们来说是唯一，他的成长不能等待，所以当下这个缺陷必须由家庭尽快弥补。家长们与其高兴了领孩子吃麦当劳，不如领着他去逛书店；与其用手机、随身听装备孩子，不如在他书桌上常放几本好书。特别是那些发愁孩子不会写作文、想花高价给孩子报速成班的家长，用那些钱来给孩子买书吧！请花些心思，引导孩子发现阅读的乐趣，让他视阅读为一件和看电视、玩游戏一样有意思的事吧！

孩子的阅读就是他最好的修炼过程，润物细无声地滋润着他的潜能，总有一天你会惊喜地发现，孩子手中的笔已不知在什么时候发芽，开出了芬芳的花朵。

写作文的最大技巧

当一个人干一件事时，如果没有"大技"只有"小技"，他是既干不好也干不出兴趣的。

有一次我到一个朋友家，她发愁正在读初二的儿子不会写作文，问我怎样才能让孩子学会写作文。我说先看看孩子的作文本。小男孩很不情愿的样子，能看出来他是羞于把自己的作文示人。直到男孩和小伙伴们去踢球了，他妈妈才悄悄把他的作文本拿来。

第一篇作文题目是《记一件有趣的事》。小男孩酷爱足球，他开篇就说他认为踢足球是最有趣的事，然后描写他踢球时的愉快、球场上一些精彩的细节，还穿插着写了两个他崇拜的球星。看起来他对这些球星的情况了如指掌，写得津津有味、如数家珍。

男孩的这篇作文写得比较长，语言流畅，情真意切，还有一些生动的比喻。看得出他在写作中投入了自己的感情。虽然整个文章内容与标题框定的外延略有出入，总的来说属上乘之作。我从头看到尾正要叫好时，赫然看到老师给的成绩居然是"零"分，并批示要求他重写。

我万分惊讶，不相信作文还可以打零分，况且是这样的一篇佳作。

赶快又往后翻，看到男孩又写了一篇相同题目的。他妈妈在旁边告诉我，这就是在老师要求下重写的作文。

这次，"一件有趣的事"变成了这样：踢球时有个同学碰伤了腿，他就停止踢球，把这个同学护送到医务室包扎伤口，又把同学送回家中，感觉做了件好事，认为这是件有趣的事。这篇文章的字数写得比较少，叙事粗糙，有种无病呻吟的做作。老师给出的成绩是 72 分。

朋友告诉我，这一篇内容是儿子编出来的，因为孩子实在想不出该写什么。但凡他能想到的"有趣"的事，除了足球，都是和同学们搞恶作剧一类的事情，他觉得老师更不可能让他写那些事，只好编了件"趣事"。

我心中隐隐作痛，仿佛看到有人用锤子蛮横地砸碎一颗宝石，然后拿起一块普通石子告诉孩子，这是宝石。

既然我不能去建议学校让这样的老师下岗，只能希望男孩运气足够好，以后遇到一个好的语文老师，那对他的意义将是非同小可的。

有一次，我在北京师范大学听该校教授、我国著名的教育法专家劳凯声先生的课。他讲到一件事：小时候母亲带他到杭州，他第一次看到火车，觉得非常惊奇，回来兴冲冲地写篇作文，其中有句子说"火车像蛇一样爬行"——多么形象，那是一个孩子眼中真实的感受——却被老师批评说比喻不当。这很挫伤他，他好长时间不再喜欢写作文。直到另一位老师出现，情况才出现转变。这位老师偶然间看到他的一首诗，大加赞赏，还在全班同学前念了，并推荐给一个刊物发表。这件事给了他自信，重新激起他对语文课和写作文的兴趣。

学者的童年也有这样的脆弱时刻，可见所有孩子都需要正确教育的呵护。假如劳先生遇到的后一位老师也和前一位一样，那么当前我国教育界也许就少了一位学术领军人物。

朋友的小男孩能有劳先生的好运气吗？

有句话说，世上最可怕的两件事是"庸医司性命，俗子议文章"。前者能要人的命，后者能扼杀人的激情和创造力。

现在害怕写作文和不会写作文的孩子非常多，老师和家长总在为此发愁，除了埋怨和批评孩子，有多少人能从作文教学本身来反思一下，从教师或家长的身上寻找问题的根源呢？

有个上小学三年级的女孩，她父母工作很忙，家里请了保姆。有一次老师布置作文题《我帮妈妈干家务》，要求孩子们回家后先帮妈妈干一些家务，然后把干家务的体验写出来。

女孩很认真地按老师说的去做，回家后先擦地、再洗碗，然后在作文中写道：通过干家务，觉得做家务活很累且没意思。平时妈妈让我好好学习，怕我不好好学习将来找不到好工作，我一直对妈妈的话不在意。现在通过干家务，觉得应该好好学习了，担心长大后找不到工作，就得去给别人当保姆。

这个刚开始学习写作文的小女孩，她说的话的确谈不上"高尚"，却是真心话。可这篇作文受到老师的批评，说思想内容有问题，不应该这样瞧不上保姆，要求重写。

小女孩不知如何重写，就问妈妈，妈妈说：你应该写自己通过做家务体会到妈妈每天干家务多么辛苦，自己要好好学习，报答妈妈。小女孩说：可是你从来不干家务，我们家的活儿全是阿姨在干，你每天回家就是吃饭、看电视，一点也不辛苦啊。妈妈说：你可以假设咱家没有阿姨，家务活儿全是妈妈干。写作文就要有想象，可以虚构。

教师和妈妈的话表面上看来都没错，但她们没珍惜"真实"的价值，曲解了写作中的"想象"和"虚构"，她们实际上都是在教孩子说假话。

虽然主观用意是想让孩子写出好作文，却不知道她们对孩子的指点，正是破坏着写作文中需要用到的一个最大的"技巧"——"说真话"。

之所以说"说真话"是写作的最大技巧，在于说真话可以让人产生写作兴趣，发现写作内容，即想写，并有东西可写——没有这两点，写作就是件不可想象的事。

写作激情来源于表达的愿望，写真话才清楚自己想表达什么，才有可表达的内容，才能带来表达的满足感。没有人愿意为说假话去写作。无论日常生活还是写作，说假话总比说真话更费力气，难度更大，并且虚假的东西仅仅带来需求上的满足，不能带来美和愉悦。

如果孩子在写作训练中总是不能说真话，总是被要求写一些虚假的话，表达自己并不存在的"思想感情"，他们的思维就被搞乱了。这样的要求会让他们在写作中不知所措，失去感觉和判断力，失去寻找素材的能力。于是他们遇到的最大问题就是——不知该写什么。

不说真话的写作，使学生们在面对一个命题时，不由自主地绕过自己最熟悉的人和事，放弃自己最真实的情绪和体验，力不从心地搜罗一些俗不可耐的素材，抒写一些自己既没有感觉又不能把握的"积极向上"的观点。这可以解释为什么目前中小学生有这样的通病：在写作文时没什么可写的，找不到素材和观点，拼了命去凑字数。

这样写出来的作文可能符合"规定"了，但它的负面作用会很快显现出来——不愉快的、做作的写作让孩子们感到为难，感到厌倦，写作的热情和信心被破坏了。这也解释了为什么现在有那么多孩子讨厌写作文。

现在中小学作文教学花样何其多，作文课上，老师会告诉孩子很多"写作技巧"。但那些都属于"小技"的范畴，最大的技巧"说真话"却总是被忽略，甚至被人为地毁坏着。

当一个人干一件事时，如果没有"大技"只有"小技"，他是既干不

好也干不出兴趣的。**失去"大技",其实连"小技"也难以获得。**

　　尽管教师在讲"作文技法"时都会讲到写作要有"真情实感",可学生在实际写作中很少被鼓励说真话。来自教师、家长和社会的"道德说教"意识仍强有力地控制着学校教育,从孩子开始自我表达的那一天,成人就急于让他们学会说"主流话语",而从不敢给他们留下自我思考和自我表达的空间。教师对作文的指点和评判,使学生们对于说真话心存顾虑,他们被训练得面对作文本时,内心一片虚情假意,到哪里去寻找真情实感呢?

　　文以载道,文章可以反映一个人的思想境界和品德情操,中小学生的作文训练也确实应该肩负起孩子们思想品德建设的责任。正因为如此,**中小学生的作文训练首先应该教会孩子真实表达、自由表达,然后才谈得上"文字水平"与"思想水平"的问题。把孩子引向虚饰的表达,既不能让他们写出好的作文,也达不到思想教育的目的。**

　　当孩子把真实表达改变为矫情表达,他就开始去说言不由衷的话;当孩子把自由表达拘束在大人提出的框框里,他的内心就开始滋长奴性思想;当他为作文成绩而曲意逢迎时,他就在磨灭个性,滑入功利和平庸……这些对一个人的思想品德建设又何尝不是破坏性的呢!

　　鲁迅说过,流氓就是没有自己固定的见解,今天可以这样,明天可以那样,毫无操守可言。从小的流氓语言训练,是会养育出流氓的。[1]

　　正常的写作其实是个自我思考的过程,所以也是在思想上自我成长的过程。**一个孩子面对一个命题能进行独立的思考,他的思考是自由而**

1　转引自钱理群,《语文教育门外谈》,广西师范大学出版社,2003年7月第1版,79页。

诚实的，他就会找到自己想表达的内容，他心里就会有很多想说的话，不用为了凑字数而写些空洞无物的话，动笔时就不会发愁。如果一个人的成长环境并没有使他堕落的因素，他绝不会因为在作文中可以自由表达而变得思想不健康；而思想的成熟自然可以带来写作上的得体。

我在对圆圆的作文辅导中，一直向她灌输"诚实写作"这一观念，所以她在作文中一直能流露真性情。

记得她上初中时，有一次学校搞一个母亲节感恩活动，要求每个孩子在周末回家时给妈妈洗一次脚，然后再写一篇文章，谈自己给妈妈洗脚的感受。

这个"命题"的用意一目了然，它要求学生们写什么其实已摆明了。在这之前我就听说别的学校搞过这样的活动，这之后也听说过某些学校在搞。

大家为什么这么热衷于"洗脚"呢？联想到前几年每到"学雷锋"的日子，就有人上大街给人免费擦皮鞋，享受服务的人多半是来占小便宜的，靠擦皮鞋维持生计的人则可怜巴巴地看着生意被抢——这简直是对雷锋精神的亵渎！

我觉得"洗脚"和"擦皮鞋"这两种"创意"背后，总有什么相同的东西，这个东西让我感到不舒服。

圆圆回家对我说了这事后，我能看出她也有些为难。

平时我们很愿意配合学校做一些事情，这次这个事比较别扭，我们心照不宣地都有些不想做。我对圆圆说：妈妈还这么年轻，也很健康，为什么要你来给洗脚呢？哪怕我老了，只要自己能干，洗脚这个事也不愿别人代劳。人与人之间可以互相帮助，互相关爱，但只有一个人需要帮助时，我们才有必要去提供帮助。关爱的方式得体，才能给被关爱者带来快乐，否则的话不如不做。

圆圆小小的心可能还是有些困惑和为难。我就跟她分析说：如果妈妈在工作或生活中需要经常翻山越岭地去走路，双脚的劳动具有特殊的意义，而且回家累得不想动，你给妈妈洗洗脚是有意义的；现在妈妈每天乘车去办公室，大部分时间坐在办公室，双脚并不比我的双手更辛苦，也不比我的脸经受更多风吹雨淋。这样看来，给妈妈洗脚还不如给妈妈洗手、洗脸呢——可是，这有意义吗？

圆圆觉得我说得有道理，但她还是顾虑作文该怎么写。我于是问她：你认为学校搞这样一个活动的用意是什么？

她说是让孩子理解妈妈、体贴妈妈，通过给妈妈做事来表达对妈妈的爱。我又问她，那么你想做一件事向妈妈表达爱吗？她点点头。

我笑了，像平日里经常做的那样，双手把她的脸蛋掬住，用力往中间挤，她的鼻子就陷在了两边凸起的脸蛋中，嘴像猪鼻子一样拱起来。我亲亲她的小猪嘴说，今天晚上妈妈和爸爸都不加班了，现在我最想咱们三个人一起到外面散步，你好长时间没和爸爸妈妈一起散步了吧。圆圆愉快地说好，我们就一起出去了。那段时间我们三个人都很忙，这样的悠闲还真是难得，正好可以一边散步一边把这段时间积攒的话聊一聊。

回来后，我对圆圆说，如果人人都写自己给妈妈洗脚，由此感悟出应该孝顺妈妈，那就太没有新意了。你今天晚上其实也孝顺了妈妈，因为你放下作业，不害怕浪费时间，陪爸爸妈妈散步，这是让妈妈感觉最享受的，也是我眼下最想要的，这真的比洗脚好多了。

圆圆由此感悟出孝顺妈妈的方式可以多种多样，重要的是要有真情实意。

我平时总告诉圆圆，写作文时，尤其面对一个命题作文时，要调动自己的诚意。因为题目来自老师，乍一看题目，可能自己一下找不到感觉，不知该写什么，那么在动笔之前一定要问自己：就这个题目或这方面内容，我是如何理解的，我最想说什么，我有和别人不一样的想法吗，我最真实的想法到底是什么。

出于思维习惯，她很快找到了写作的内容和想法。我后来看她这篇作文，她如实地写出了自己面对这个题目的感受，写了妈妈和她的交谈，写了我们以散步代替洗脚以及她自己感悟到的东西，文中也表达了对妈妈的尊敬和爱。她写得很诚实也很流畅。

后来学校召集家长开会，教导主任谈到这一次活动，很动情地谈到两个调皮的孩子通过活动出现了转变，以说明这次活动达到了很好的效果。那两个孩子都是写他们给妈妈洗脚，发现妈妈的脚那么粗糙，长满了厚厚的茧子，他们因此很心疼妈妈，决心以后好好爱妈妈，用好好学习来报答妈妈。

因为教导主任念的只是这两个孩子作文中的片段，我没了解到孩子们作文的全貌。我想，如果两个孩子的妈妈都是由于特别的原因，为了工作或家庭让她们的脚受了很大的苦，长出了那样一双脚，那是应该感动孩子的，孩子写出的也是真情；可如果他们的妈妈和别人的妈妈没什么两样，只是因为她们喜欢穿高跟鞋、喜欢运动或不注意脚部护理，那么妈妈的脚凭什么能激起孩子那样的感情呢？脚上的老茧和母爱有什么关系，脚保养得好的妈妈就不是吃苦耐劳的妈妈吗？真担心孩子们在无病呻吟，说虚情假意的话。

当代著名学者、北大中文系教授钱理群先生认为，说与写能力的训练，首先还是要培育一个态度，即要真诚地表达自己真实的思想与情感。他批评当下教育中"老八股""党八股"依然猖獗，并且合流，渗透到中小学语文教育中，从儿童时期毒害青少年，这会后患无穷。他认为这不只是文风问题，更是一个人的素质和国民的精神、道德状态问题。他忧心忡忡地指出，学生在写作中胡编乱造，说违心话，久而久之，成了习惯，心灵就被扭曲了。[1]

写作中的虚构与虚假是完全不同的两回事，它实质上是有想象力与缺乏想象力的区别。基于真情实感的虚构，是具有想象力的美的东西；虚假的文字是缺少真情实感和想象力的勉强之作，不会有美在其中。

"当你要求儿童说出自己的思想的时候，要保持审慎而细心的态度……应当教会儿童体验和珍藏自己的感情，而不是教他们寻找词句去诉说并不存在的感情。"[2]

在写作中"说真话"开始是意识问题，到最后就变成了习惯和能力问题。如果一个人从小就被一些虚假训练包围，那么他就可能丧失了说真话的习惯和能力，不是他不想说，是他已经不会说了。要恢复这种能力，也需要下很大的功夫。当代著名作家毕飞宇说，写作"首先是勇气方面，然后才是技术问题"[3]。写作中说真话的勇气，在孩子越小的时候越容易培养，耽搁了，也许一辈子也找不回来。

当我们苦苦寻找"写作技巧"时，其实技巧多么简单——写作时请首先记住"说真话"。给孩子灌输这一点，它的意义超越了写作本身。就像钱理群先生说的："培养一个人怎样写作，在另一个意义上就是培养一个人怎样做人。"[4]

1　钱理群，《语文教育门外谈》，广西师范大学出版社，2003 年 7 月第 1 版，13—14 页。

2　[苏] 苏霍姆林斯基，《给教师的建议》，杜殿坤译，教育科学出版社，1984 年 6 月第 2 版，358 页。

3　王丽编，《我们怎样学语文》，作家出版社，2002 年 10 月第 1 版，378 页。

4　钱理群，《语文教育门外谈》，广西师范大学出版社，2003 年 7 月第 1 版，78 页。

第二章

正确对待作业

孩子天生不反感写作业，他们中的一部分后来之所以变得不爱写作业，是因为在上学的过程中，尤其是小学阶段，写作业的胃口被一些事情破坏了。保护孩子的天性和学习兴趣尤其重要。

2

CHAPTER

惩罚你，不让你写作业

想让一个人喜欢和珍惜什么，就不要在这方面给得太多太满，更不能以此作为交换条件或惩罚手段，强行要求他接受，而是要适当地剥夺，让他通过危机感和不满足感，产生珍惜感。同时最最重要的是让他在行事过程中伴有愉快感、成就感和自尊感——这无论在学习还是其他事情上，都是普遍适用的。

《哈佛家训》里有一则故事：三位无聊的年轻人，闲来无事时经常以踹小区的垃圾桶为乐，居民们不堪其扰，多次劝阻，都无济于事，别人越说他们踹得越来劲。后来，小区搬来一位老人，想了一个办法让他们不再踹垃圾桶。有一天当他们又踹时，老人来到他们面前说，我喜欢听垃圾桶被踢时发出的声音，如果你们天天这样干，我每天给你们一美元报酬。几个年轻人很高兴，于是他们更使劲地去踹。过了几天，老人对他们说，我最近经济比较紧张，不能给你们那么多了，只能每天给你们五十美分了。三个年轻人不太满意，再踹时就不那么卖劲了。又过了几天，老人又对他们说，我最近没收到养老金支票，只能每天给你们十美分了，请你们谅解。"十美分？你以为我们会为了这区区十美分浪费我们的时间?!"一个年轻人大声说,另外两人也说:"太少了,我们不干了!"于是他们扬长而去,不再去踢垃圾桶。

老人是位攻心高手,与其他人的直接劝阻相比,老人的说服工作不着痕迹,却有明显的效果。分析他的方法可以看到,老人先通过"给予",把几个年轻人的"乐趣"变成一种"责任",这是第一步,目的是降低"乐趣"。任何事情,当它里面包含有交换、被监督、责任等这些因素时,它的有趣性就会大打折扣。然后,老人通过减少支付,刺激他们对踢垃圾桶这件事产生逆反心理,这是第二步。最后,老人进一步减少支付,并且给出一个让他们不能接受的十美分,使他们在心理上对踢垃圾桶这件事产生排斥感,产生逆反心理。于是,原本令几个年轻人感到有趣的一件事站到了自己的对立面,让他们成为"受害者"。这时再让他们去做,那肯定难了。

这个故事表面上看起来和写作业没有关系,但它里面包含的教育思想却可以运用到儿童的作业管理上。那就是需要教师和家长在调动儿童写作业热情上,适当使用逆向思维,要刺激孩子对写作业的热情,不要刺激孩子对写作业的厌恶之情。

但现实中,许多教师和家长却把方法用错了。最典型且最愚蠢的做法是以"写作业"作为惩罚手段,来对付学生的某个错误。许多家长或教师的口头禅就是"你要再不听话,就罚你写作业"。

这样的例子太多太普遍了,惩罚手法之多之重,简直是触目惊心。

我听一位家长说她儿子因为忘了带英语作业本,被老师罚写一百遍"我忘记带英语作业本是不对的"这句话。老师这样做,已完全不是为了教育,仅仅是报复心理下的滥施淫威。孩子是弱势者,他没有办法,只能把这句话写一百遍。可以想象,这会让孩子感到多么恶心,英语课在他心中可能永远成为一门恶心的课程了。

我还见识过一位老师，对班里不听话的孩子，不打也不骂，就是下课不让玩，叫他们到办公室写作业。孩子的顽劣倒是治好了，但经她这样治理的孩子，基本上都永远不再爱学习了。

北京某所小学，要求孩子的作业本不许有一个错字，如果出现一个错别字，不仅这一个字要写一百遍，整个这一页内容都要重写一次。这种"株连法"使孩子们在写作业时提心吊胆，生怕写错一个字，他们早已忘了为什么要写作业，他们只是在为"不出错"写作业。孩子们刚刚进入学习的征途，就已经开始迷失学习的方向了。

还有更惨痛的例子。2007 年 4 月 25 日，广州市增城区某中学一名初一的学生，因为英语考试时说话，被老师罚抄单词，从第一课到第十四课，每个单词罚抄十遍。这个孩子当晚自杀。

许多家长和教师，一方面要求孩子热爱学习，一方面又把"学习"当作暴力手段运用于对孩子的惩戒上。当"作业"变成一种刑具时，它在孩子眼里能不恐怖吗？孩子还能对它产生好感吗？

这个问题追究到底，至少可以看出这些成年人的三个问题：一是在教育孩子中不能细腻体察孩子的心理，不考虑把工作做到孩子的心坎上，只是满足于孩子表面的、暂时的服从；二是自己内心不热爱学习，潜意识中把学习当作苦差事，就会在生了气寻找"刑具"时想到写作业；三是权威意识在毫无反击之力的儿童面前变得肆无忌惮，人性中的恶不小心流露出来。

惩罚性质的作业，无不说成是为了孩子，其实它的第一动因只是成人在出恶气，和教育无关。它对儿童的学习只有毁坏，没有成全。从本质上说，它只是教师或家长对学生的一种施暴手段。

孩子天生不反感写作业，他们中的一部分之所以后来变得不爱写作业，是因为在上学的过程中，尤其是小学阶段，写作业的胃口被老师和家长弄坏了。罚写作业，就是弄坏胃口最有效的一招。正如"满汉全席"人人爱吃，但如果我们这样对待一个人，让他天天吃满汉全席，而且规定他必须顿顿吃够多少，少吃一口就罚多吃一百口——这样做上一段时间试试看，这个人以后再见到吃的不吐才怪呢。

杜威说"一切需要和欲望都含有缺乏"。[1] 让我们记住这句话，并认真琢磨。

反过来可以推导出，想让一个人喜欢和珍惜什么，就不要在这方面给得太多太满，更不能以此作为交换条件或惩罚手段，强行要求他接受，而是要适当地剥夺，让他通过危机感和不满足感，产生珍惜感。同时最最重要的是让他在行事过程中伴有愉快感、成就感和自尊感——这无论在学习还是其他事情上，都是普遍适用的。

圆圆上小学一年级时，有一次写作业非常不认真，字写得歪歪扭扭，极不像话。她爸爸在无意中瞥了一眼，吃惊她怎么把作业写成这个样子，批评她是在敷衍了事，希望她重写。圆圆不服气，不讲理地嚷嚷，态度很不好。这激怒了她爸爸。他粗暴地一下把圆圆已写了几行的一页作业撕掉，要求她重写。圆圆大哭，一边哭一边开始重写，因为她知道作业不写是不行的。过一小会儿，她爸爸又去看，发现她写得比前一次更差了，好像故意要和他作对似的。他就又批评她，圆圆在情绪上表现得更对抗了。她爸爸十分生气，就又一把撕掉这一页，要求她必须认认真真地写，否则就不行。圆圆又哭起来，扔了笔，赌气说她不写了。爸爸看时间已晚，有些着急，就给她讲道理，说这么晚了，明天还要上学，你只要认认真真地写，一次就写好了，就不用耽误这么多时间了。圆圆才

1 [美]杜威，《民主主义与教育》，王承绪译，人民教育出版社，2001年5月第2版，272页。

不理会他的这些大道理，就是不写。

我发现她爸爸犯了个错误，这是在干一件南辕北辙的事。赶快走过去，拉开气呼呼的先生，拿起被撕下的作业纸看看，平静地对圆圆说："你这样写确实不对，你看这字都写什么样了。"圆圆听我也这样说，更有些不服气，越发拿出一副"就是不写"的样子。我看看她的态度，还是和颜悦色地对她说："如果你认为写作业是件不好的事，从今天开始，就不用再写作业了。"

我动手去收她的作业本，圆圆在这一瞬间有些迷惑，目瞪口呆地看着我。我拿起她的作业本，合上，对她说："学习是件好事，看来你不想学习。所以……"我把作业本卷在手中，口气确定地告诉她，"我想取消你写作业的权利，以后不许你再写作业了！"

圆圆看我是认真的，一下慌了神，下意识地要把作业本抢回来。她在这一瞬间肯定想到了要是写不完作业，明天到学校会挨老师批评。她急得抱住我的胳膊，踮起脚，要把作业本抢回来，嘴里喊着："给我，给我。"我把作业本举起来，不让她够着。我说："你把字写成那个样子，那么不认真，就该剥夺你写作业的资格，别写了。"圆圆急得又要哭，她一边试图抢回作业本，一边说："我要好好写，给我！"

我听她这样说，态度也和缓些，让她先不要抢作业，要和她坐下谈谈。

我问："刚才爸爸让你好好写，你不愿意，两次都写得那么差。妈妈想问你，你是不是觉得好好写作业是件不好的事，写得差些才好？"圆圆回答说不是，说好好写才好。

我又问她："是不是好好写作业就非常累，不好好写就很轻松？"她摇摇头说不是。我想想，实事求是对她说："认真写和不认真写可能有一点差别，写得好需要多用一点心，是不是？"她说是，这时神情开朗了一些。

我接着问："你觉得把作业写得整整齐齐心情更好，还是写得乱七八糟心情更好？"圆圆说写得整整齐齐心情好。

我故意激她："可写整齐不如写得乱轻松啊。你看，写得乱些只要拿根笔随便往本子上划拉就行，写得整齐却需要认认真真地，把每一笔每个字每一行都写好。我看还是写得差些轻松。"圆圆想一下说："不对，一样轻松！因为，因为……"

她想表达什么，但一下组织不起语言。我就问她："你是不是想说，写好写坏，用的是一样的力气。比如一个字是五画，写好写坏都是五画，既不会多也不会少，是不是这个意思？"我把她心中想说的话说出来了，她非常高兴，眼神明亮地说是，神情已大为坦然。

我抱起她放到我腿上说："嗯，这样说，写好写坏，费的力气差不多，认真写还心里更愉快，是不是？"圆圆说是。我们的谈话到这里已很愉快了。

这时，我通过对话，已让圆圆主动表达出了"作业应该好好写"这样一个道理。达到这个目的后，剩下的只是再巩固一下她的想法，并且给她一个台阶下了。

我看一下桌上被爸爸撕下来的两张纸说："今天爸爸做得也不对，不应该撕作业本。小圆圆今天把作业写得不整齐，不是正好做了一个试验嘛，知道了把作业写整齐和写得乱，用的力气一样，但写好了心情更好。如果不这样试，哪能知道这些呢，你说是不是？"圆圆点点头，自己也感觉就是这么回事，理直气壮地看爸爸一眼。她爸爸赶快给圆圆道歉，说他不该那样做。

我又说："宝贝肯定从明天起就会认真写作业，才不会傻乎乎地乱写，弄得自己不高兴呢，是不是？"圆圆肯定地点点头说就是。

我用赞许和信任的目光看着她说："这样的话，妈妈就把本子还给你。看来妈妈也错怪小圆圆了。"失而复得的作业本回到手中，圆圆完全没有了和家长的对抗及对作业的抵触，重新摊开了本子，流露出珍惜的神情。

这时我想到孩子在行为上容易出现反复，还是要给她打个预防针，尽量让她面对作业时有良好的心态，在出现反复时能有自我调整的心理基础。我就说："如果你哪天不想认真写作业，也可以把作业写乱了，再做一次试验，看看认真写和不认真写有多大差别，体会一下哪样更好。"圆圆说："不用试了，认真写更好。"看得出这是她的真心话。

我没再说别的，亲亲她的小脸蛋，走开了。等她晚上睡觉后，我们悄悄从她书包中拿出作业本来看，果然写得整整齐齐的。此后，圆圆一直能好好地写作业，再不让我们操心。

这个案例在本书第一版出版后接到一些读者的质疑，大家觉得我的做法看起来有理有据有技巧，其实也给了孩子很大的心理压力——我花了较长时间重新思考这件事，越思考越觉得一些读者的眼光非常犀利，让我心生敬佩。

一个孩子偶尔不想写作业，就像一个成年人偶尔不想工作一样，很正常。给他时间和机会缓一缓，反而有利他接下来进入更好的状态。但在这件事上，我和先生没有用人性去体恤孩子，把这件偶然的事看得非常严重，俩人有意无意间地配合着整治孩子，直到孩子被驯服。

圆圆爸爸因为孩子写字潦草就撕掉了作业本，并且撕了两次，这是非常恶劣的行为，我虽然当时批评了他，但却没能很好地抚慰孩子，而是通过剥夺孩子写作业的权利，表达一个潜台词：写作业是好的，甚至是特权，没有理由对作业那么不认真——我不仅没去体谅孩子，内心也有作业崇拜情结，还变相地利用了老师的权威去恐吓孩子。

比起先生简单粗暴的做法，我的"惩罚你，不让你写作业"的方式只能说略好一些。也许达到了一个效果，让圆圆对写作业这件事有所珍惜，但这珍惜却不是出于对学习本身的热爱，只是出于对老师批评的畏惧，所以这个"珍惜"是假珍惜，对孩子没多少好处。反而其中的暴力性隐蔽得更深，从长远来看，对孩子的影响同样是负面的。圆圆虽然此后在学习上也没表现出什么问题，这只能说我们在其他相关事情上做得还不错，很大程度上弥补和消融了这一次的过失。

如果时光倒流，我会这样重新处理这件事。首先是对先生撕孩子作业的事绝不姑息，要求他必须当时给孩子道歉。然后我会对孩子说："宝贝今天是不太想写作业是吧，没事，这很正常，妈妈小时候就经常不想写作业，爸爸小时候还逃课呢。"向孩子表达完理解后，必须要肯定她，让她知道自己在父母眼里总是好的，"宝贝虽然字写得有些潦草，但这样可以让速度快呀，说明宝宝会安排自己的事情。"然后我会帮她想办法，"爸爸撕了宝宝的作业，看看还能不能粘回去，粘不回去就让爸爸替宝宝重写一遍，宝宝监督爸爸，字要写得像宝宝的。"爸爸如果表示为难，不想写或不会写，就要求他明天亲自到学校向老师实话实说，解释一下为什么圆圆无法交上今天的作业。如果爸爸既不想代写又不愿意第二天到学校解释，我也可以代替孩子写，把这次作业应付过去。总之就是不要把这一次作业太当回事，也不把孩子的偷懒当回事。

这样三个步骤下来，孩子能够感受到父母对她的理解和关怀，她的内心没有恐惧，自尊免于受伤，也不再有心理和体力上的负担——唯其如此，才是教育，才能最大程度地保护孩子对学习的热爱。

成人在教育儿童时之所以屡屡采取不合适的教育方法，使"教育"变成一种破坏性行为，有两个最根本的原因：一是不信任孩子，二是太相信自己。即首先不相信儿童的本能是自爱和上进，担心不及时管教，孩子就会一路下滑；其次认为自己对孩子说的话都是金玉良言，可以让孩子变得更好。

针对这一问题，哲学家弗洛姆的一句话值得家长们一千遍地体味：

"教育的对立面是操纵，它出于对孩子之潜能的生长缺乏信心，认为只有成年人去指导孩子该做哪些事、不该做哪些事，孩子才会获得正常的发展。然而这样的操纵是错误的。"[1]

所以家长和老师在管理孩子时，一定要小心，不要站到教育的对立面去。遇到每一件具体的事情都扪心自问一下：我是在教育孩子，还是在操纵孩子。被操纵的孩子不由自主地把心思用于反操纵上，他会渐渐变得毫不在乎大人的话、堕落，并且丧失理性和自爱之心。写作业是当前儿童教育中，最为密集地表现"教育"还是"控制"的事件，这个事情上最需要家长反思。

弗洛姆还说："运用破坏性的手段也有其自身的结果，即实际上改变了目的。"[2]

在任何具体教育细节上，家长一定要考虑目标与手段的统一问题。把作业当刑具使用，还是当奖品使用；你的行为是在激发孩子对学习的热爱，还是消解这热爱，这不是个小区别，它是分水岭，决定了你是在走向目的，还是走向目的的反面。

1　[美]弗洛姆，《为自己的人》，孙依依译，生活·读书·新知三联书店，1988年11月第1版，79页。

2　[美]弗洛姆，《为自己的人》，孙依依译，生活·读书·新知三联书店，1988年11月第1版，181页。

替孩子写作业

　　替孩子写作业，不是家长帮孩子在学习上舞弊，而是以理性对抗学校教育中的一些错误，以不得已的方式帮助孩子获得更多的自由时间，让孩子生活得更快乐一些，并教给孩子实事求是地面对学习。它是保护孩子学习兴趣的有效手段之一。

　　圆圆上小学后，我对她写作业基本上采取"不管"的态度。每天老师布置了什么作业，她写得如何，我都不去问，也不去检查，一切都交给她自己安排。她在完成作业方面也没让我操心，总是很自觉。但一段时间后，她开始对作业表现出厌烦，抱怨说一个生字干吗要写三行呀，而且这一课的生字前天就写了一遍，昨天写了一遍，今天还要再写。

　　有一天，她又在写作业时表现出不耐烦，我就认真地了解了一下她当天的作业内容，感觉有些东西确实是不需要写，或不需要写那么多。比如生字，老师总是以"行"为单位布置，几乎没有以"个"为单位来布置。动不动就两行、三行，甚至五行。

　　我相信一个孩子如果愿意去记住一个字的话，他是用不着写这么多遍的。于是和圆圆商量，你去找老师说一下，可不可以根据自己的情况，自己决定一个字该写几遍，你要是不愿意去说，妈妈去和老师说一下。圆圆一听就摇头。以她的直觉，老师是不可能同意的。

现在有人呼吁给中小学生布置个性化作业，但几乎没有哪个老师会这样去做。不仅因为那样比较麻烦，更是因为很多人根深蒂固地认为那样不应该。如果哪个孩子胆敢去对老师说我掌握这些内容了，可以少写一些。老师肯定会说，大家都在一个班，凭什么你可以少写作业——学习是苦役而不是福利，少写就是"占便宜"了——这些垃圾观念就这样被灌输进孩子心里，同时也进入了学生的观念中。如果真有哪个老师同意某个同学少写，别的同学也会起来反对，凭什么照顾他。

我理解圆圆的为难，也考虑这样确实不现实。这不是一门课的问题，操作起来非常麻烦，很不方便。我想了想，问圆圆，是不是这些字你都会认，也会写了，觉得不需要写那么多遍？她说是。我说："那这样，你不要看书，妈妈读，你默写。只要写得正确，写一个就行，如果写得不正确，就写三遍，剩下的妈妈替你写，这样好不好？"

圆圆听我这样说，目光复杂地看着我，有惊喜又有怀疑，她有些不相信我的话。她小小的心肯定在犹疑，这样做是否正确，这样是在弄虚作假吗？

我读懂了她的眼神，非常确定而坦然地说："这样没关系，学习是为了学会，老师让写这么多遍不就是为了你们都会写吗，只要你会了，就不需要写那么多，你说是不是？"圆圆觉得我说得有道理，但她还是担心，说："要是老师发现是你写的，就会批评我。"我说："妈妈尽量照着你的字写，差不多能和你写得一样，老师应该也看不出来吧。要不咱们今天就试试？"

圆圆又兴奋又有点不好意思地点点头。

当天语文一共要写八个生字，每个生字写两行。这几个生字里只有一个字圆圆不会写，她就把这一个字写了三遍，其余的都只写了一个。

原本一百六十个字的作业，现在变成了十一个字——这一下子多么轻松啊！

我注意到，圆圆写这十一个字时分外认真，尤其是她不会写的那个字，认认真真地写了三遍。我相信以这样的认真，三遍足以让她记住这个字如何写了。剩下的由我照着圆圆的笔迹认真地去写，尽量使老师看不出差异。

我发现，成人草草地写字是很轻松的，可以一写一大片。要是像小学生一样一笔一画地写，还真是费力气。而且如果你的字写得还不错，却想把它写得差一些，像个孩子的字的话，更不是件容易的事。

从那以后我就经常替她写作业。每次孩子写什么、哪些剩下由我来写，这事一定是由孩子自己来做决定，我从不代替圆圆进行判断。这样做，一是可以让孩子自己检测自己，二是让她更愿意把该记的记住，因为她对学习内容掌握得越多越好，自己需要写的作业就越少。

她爸爸开始不同意我这样做，担心我替她写作业会惯坏了她，让她形成依赖思想。她爸爸的想法是有代表性的。

我说不用担心，以我对圆圆的了解，她绝不可能拿一些她还没掌握的功课让我做。她让我代劳的，一定是她认为自己没必要写的。孩子天生有善恶观，而人的天性就是趋善避恶的。一个心地纯洁、有自尊心的孩子，绝不可能利用别人的善意去弄虚作假。

事实确实如此，自从我开始替圆圆写作业，她对写作业这件事越来越坦然了。心理上轻松了，她反而更自觉了。但凡自己再多用点工夫就能写完的，她一般就不用我帮忙。她从没有因为自己想偷懒，给我布置"作业"。这一点我在帮忙中能感觉出来。所以尽管我断断续续"帮忙"一直到她上初一，但次数并不是很多。印象中除了刚开始那段多些，后来差不多平均每学期只有三四次。

我发现，替孩子写作业不但没有坏处，而且有很多好处。

首先是没让作业为难孩子，没有让孩子觉得上学是在受苦，保护了她的学习兴趣；其次是让她知道，学习是个最需要实事求是的事，既不是为了为难自己，也不是为了逢迎他人，这让她更务实，也更高效；此外，让她从作业中解放出来，有了更多的业余时间。

圆圆读课外书一直没断过，初中时还花很多时间玩游戏，偷偷地写小说。上高中后，功课虽忙，还是没间断读课外书，甚至读英文原版小说、看漫画——这些都占用了她不少时间，但她都能正常完成各科作业，成绩也一直不错。有人奇怪，她哪里来那么多时间？我想，这与她从小懂得在学习上把握轻重缓急，能按自己的实际情况调整学习计划有关。而她的大量阅读又给她带来了知识和智力上的进步，使她的学习能力更强，学习起来更加轻松有效。总的来说，她一直把自我学习与完成老师布置的作业这两套工作协调得很好，进入了一个良性循环中。这比那些被作业败坏了学习胃口、半小时的作业写两小时的孩子幸运得多。

在这里，我想提醒父母们，在孩子的中小学阶段，尤其是小学阶段，一定要注意给孩子留出自由安排的时间，切不可让写作业、练琴、上课外班等这些事把孩子的时间占满。

苏联教育家苏霍姆林斯基认为，正像空气对于健康是必不可少的，自由时间对于学生是必不可少的。只有让学生不把全部时间都用在学习上，留下许多自由支配的时间，他才能够顺利地学习。学生的时间被各种功课塞得越满，给他留下供他思考与学习直接有关的东西的时间越少，那么他负担过重、学业落后的可能性就越大。[1]

1 ［苏］苏霍姆林斯基，《给教师的建议》，杜殿坤编译，教育科学出版社，1984 年 6 月第 2 版，69 页。

替孩子写作业是个非同寻常的举动，很多家长肯定都会有圆圆爸爸那样的担心。这其实反映了成人对儿童认识的误区。他们不相信孩子的天性是向善的，他们的思维有一个错误前提，认为孩子是没有自控力的，离开了成人的监督，给出自由的条件，孩子就会完全失去约束，就会堕落。还有家长说，我的孩子和你的不一样，我的孩子爱耍小聪明，要是替他写一次作业，他以后不知道会有多少借口来让我代写呢。

如果你的孩子真的表现出这样，那么问题不是出在你替他写作业上，也不是在孩子自身的天性中，而是在前面较长的一段时间里，家长和孩子相处的一些细节出了问题。每家的细节各不相同，但性质差不多，肯定都是因为家长操作不当，损害了孩子的自尊心和自信心，经常性地制造了他的负罪感，让孩子不懂得自爱，他才变得越来越像个小无赖，每天把心思用于偷懒耍滑上。

一个始终被尊重的孩子，一定是个懂得自尊自爱的人，他绝不可能利用家长的善意去做任何让他感到羞耻的事情。

教育全在细节中。替孩子写作业这事，就是家长和孩子相处中千万个细节中的一种，如果在细节处理上做不好，结果可能会完全相反。细节处理水平，还是取决于家长的教育理念。

有一位家长，他的孩子已上小学四年级，平时不喜欢写作业，家长一方面觉得老师布置的作业太多，另一方面又总担心孩子学得不扎实，天天严格地检查孩子的作业。我对他讲了替孩子写作业的事，他回家照着做。

孩子最不喜欢英语这门课，他就准备从英语上来帮助孩子。他对孩子说，这些英语单词不用按老师的要求写十遍，凡你会写的，只写一遍；不会的，写三遍。这样孩子就把几个不会的写了三遍，其余的写了一遍。孩子为此非常高兴。

过了一会儿，他又来考孩子，想看看刚才不会写的，写了三遍是不是记住了。结果，孩子还是有两个不会。他有些生气，说刚刚写过怎么这么快就忘了呢，于是让孩子把这两个单词每个写十遍。孩子有些不高兴，说你不是说只写三遍嘛，怎么又变成十遍了。孩子拗不过家长，只好气呼呼地写了十遍。

再过一会儿，父亲又去检查，刚刚写过的单词孩子又写错了。父亲很生气，忍不住质问孩子，这两个单词你都写了十几遍了，怎么还没记住呢？每个再写二十遍！

孩子这时的情绪已经非常抵触了。家长没理会孩子的情绪，想他写二十多遍，怎么都该记住了。令家长想不到的是，过了一会儿再去检查时，孩子还是写不出来。他怒不可遏，觉得不可思议，一气之下就要求孩子把这两个单词每个写五十遍，说不信你就记不住。

孩子不干了，这样算下来，作业量比原来的每个单词写十遍还多呢。父子俩因此大闹一场。到了这种地步，替孩子写作业变得比不替还糟糕。

事后他向我抱怨说："你那个方法对我的孩子不适用。我的孩子不像你的孩子那么懂事，你的孩子能理解家长的良苦用心，我的不能。"

真的是孩子不一样吗？

我坦率地对他说，这不能单方面责怪孩子。其实，首先是你没树立起对这种做法的信心。你在一开始就缺少诚意，与其说你是想帮助孩子，不如说你只是想用这种方法来试探一下孩子。试试你的孩子是不是也能像别人的孩子那样，家长一改变，他就能跟上趟儿。所以你在帮他写完作业后，就要检查他记没记住。同时，你在潜意识中，还把自己替孩子写作业看成是对他的恩惠，要求孩子立即用令人满意的效果来回报你，他辜负了你的期望，没记住，你就生气，接下来就动用惩罚手段，让他一遍又一遍地写。原本你替孩子写作业是为了让孩子摆脱不合理作业的役使之苦，到头来却又把作业变回为"刑役"。这样，你的行为就前后矛盾了，孩子被你搞糊涂了。他不仅对学习增加一层厌恶，也对家长的行为增加一层愤恨。他会更不想学习，更不听家长的话。

这位家长一下子很难接受我的分析和对他的批评，坚持说，孩子和孩子不一样，你的孩子懂事，适合这种方法。我那孩子，就是不省心，不适合这种方法。

我说："你的孩子和我的孩子是不一样。你的孩子在过去那么长时间里，一直是在作业的压迫下和家长的监督下苦苦挣扎，他已习惯了和作业对立、和家长对立。现在家长突然改变，前期心理工作如果做得不到位的话，孩子肯定会有些无所适从，对学习缺少信心，也缺少一下就能学会的能力。你必须要有很大的耐心修复他的心理，等待他慢慢改变。"

家长还是有些气愤地说："可我的孩子怎么就那么笨呢，为什么写那么多遍还记不住？我看还是他不用心！"

我说，一个单词写了几十遍还是记不住，这其实和孩子笨不笨没关系，而是和他的情绪有关。厌恶感会把所有的记忆通道都堵死。好多看起来聪明伶俐的孩子，为什么一到学习上就愚笨得厉害，原因就在这里。从表面上看，这些孩子确实对学习不用心，但孩子用不用心，不是凭空来的。"用心"就像"用力"一样，需要一些生长基础，也要有一个成长和积淀过程。即使是成年人，想对一个什么东西"用心"，前提也必须是不讨厌、不排斥这个东西。一个人怎么可能既讨厌一个东西，又去对它"用心"呢？

我看家长不吱声了，似乎有所感悟，就继续对他说："你只有先淡化孩子对作业的厌倦情绪，慢慢培植他对学习的自信和好感，然后才可能谈用心不用心。你的孩子已经四年级了，对学习的厌倦情绪已积聚了好长时间，所以改造也会是个比较长的过程，年级越高这个过程越长。家长一定要有耐心，孩子用三年形成的坏毛病，你想用三天改变，那是不可能的。"

　　我建议这位家长换一种做法，只是单纯地从减轻孩子学习负担入手，帮忙仅限于帮忙，不附带任何其他条件。不要因为家长帮忙了，就要求孩子一定要把当天写的单词全部掌握。允许他有些东西暂时学不会，允许他在作业中有错误。就这件事来说，那两个单词写过了还不会，这时候孩子内心其实是很羞愧且很自卑的。家长这时一定要体谅孩子的心，告诉孩子不要着急，不会的可以再写两遍，如果还掌握不了，就先放两天再说，慢慢来。然后从他的表现和作业中找到值得表扬的东西，给予肯定，比如夸他的作业比平时写得整齐，说他作业的正确率比平时高等，总之让孩子不时地从学习中体验到成就感和愉悦的情绪，这样慢慢缓解他对作业的厌恶。

　　替孩子写作业，不是家长帮孩子在学习上舞弊；而是以理性对抗学校教育中的一些错误，以不得已的方式帮助孩子获得更多的自由时间，让孩子生活得更快乐一些，并教给孩子实事求是地面对学习。它是保护孩子学习兴趣的有效手段之一。

　　所以家长要首先从内心完全接受这件事，非常坦然，然后才去做。如果你自己心里缺少诚意，心存疑虑，有负罪感，那你在做的时候就会给孩子传达一个不良信息，让孩子觉得这是在投机取巧，产生负罪感。人对某种习俗或常规的挑战，没有正义感垫底是不可能的。你绝不可能在孩子面前隐藏你的疑虑，孩子比雷达还灵敏，能从你的眼神、语气中捕捉到你所持有的真实态度。

　　圆圆上小学时，有一次回家给我讲了一件事，听起来像个笑话。

　　有个同学发现班里另一个同学的语文生字本一行只有八个字，而自己的是一行十个字，就回家抱怨说，人家的妈妈会买本儿，你怎么买的时候不看看每行有几个字。她妈妈说我知道啊，买的时候人家就问是要一行八个字的还是十个字的，我就买了十个字的，这不是为了让你多写两个字记得牢吗。

多写两个字，家长认为占便宜了，孩子认为吃亏了。圆圆说有的同学向老师反映这个问题，要求用一行八个字作业本儿的同学，也要按每字十个的数量来写，但老师觉得那样得有两个字写到下一行，一行行推下来会显得很乱、不整齐，就还是按行数写。她班里好多同学因此煞费苦心地到处找一行八个字的本儿——孩子们被逼得把心思都用在这里了。

两千多年前，孔子就提出了"因材施教"。几乎古今中外所有伟大的教育家都在儿童教育上提出个别对待、差异化教学的思想。但在实际的学校教育中，尤其是在中小学，很少能看到有哪个教师在作业上不搞一刀切。一刀切确实是比较省心省力气，但不同的孩子却不得不接受依相同的模子被裁切的痛苦。这是当前我国中小学教育中一个很大的问题，多年来却堂而皇之地盛行着，很少有教师或家长考虑到它的不妥。

不能苛求社会为每个孩子提供一种完美的教育；但作为家长，有责任为我们独有的孩子营造一个尽可能良好的教育环境。家长们如果有办法能让孩子从繁重的负担中解放出来，当然更好。比如通过努力，促进校方进行教学改革；或通过某种影响力，促进政策性解决等。如果做不到这些，替孩子写作业不失为一种立竿见影的方法。

"替孩子写作业"表面上看是件被逼上梁山的无奈之举，其实更主要的是一种教育意识、一种思维方式。即在孩子的学习中，家长应该用实事求是的态度，帮助孩子克服一些困难。不同的孩子身处不同的学校，遇到不同的老师，会产生不同的困难。没有一种普遍适用的方法，但一定有一些有效的方法。只要你实事求是地去帮助孩子，很多办法自然会出来。

最后要提醒的一点是，无论你用什么办法，都要注意，不要弄巧成拙，不要因为家长的做事不慎，给孩子惹麻烦。比如替写作业被老师发现，家长要勇敢地站出来去面对老师，和老师进行友好沟通，想办法妥当地处理问题，不能让孩子独自面对老师的责难。保护孩子要做得彻底，不能顾此失彼。

不写暴力作业

人可以使自己适应奴役，但他是靠降低智力因素和道德素质来适应的；人自身能适应充满不信任和敌意的文化，但他对这种适应的反应是变得软弱和缺乏独创性；人自身能适应压抑的环境，但在这种适应中，人发生了神经病。儿童当然也能适应暴力作业，但暴力作业中含有的奴役与敌意，会全面地破坏儿童人格与意志的完整和健康。

被罚写作业，是许多人在上学时遭遇到的，尤其在小学阶段。

圆圆上小学四年级时，有一天数学老师突然在课堂上搞小测验，要求学生们默写一条前两天讲过的定理。那条定理大约有二三十个字，老师并没有提前布置背诵，课堂上突然测验，又要求一个字不能错，只要有一字与原文不符，就罚当晚把定理抄写十遍。结果班里的同学全军覆没，每个人都或多或少有些错，所以大家当天的数学作业，除了常规的一些内容外，还多了抄写十遍定理这一项。

圆圆晚上回家写作业时对我讲了这事，表现出对抄写十遍定理很发愁的样子。

我看了她在测验中写出来的内容，对照书上的定理，只有几个字与原文不符，基本上没有太大的出入，而且能感觉出来圆圆是理解这条定理的。我想，数学老师有必要这样惩罚孩子们吗？这条定理从教材来看并没提出背诵要求，教材编写者肯定也会考虑，对于四年级的学生来说，重在理解，会应用才是目的。

死记硬背的坏处很多，它对于学生智力和学习的伤害真是再怎么说都不为过。苏联教育家苏霍姆林斯基对教师要求学生死记硬背的行为多有谴责，他说："学生的那种畸形的脑力劳动，不断地记诵、死记硬背，会造成思维的惰性。那种只知记忆、背诵的学生，可能记住了许多东西，可是当需要他在记忆里查寻出一条基本原理时，他脑子里的一切东西都混杂成一团，以致他在一项很基本的智力作业面前显得束手无策。学生如果不会挑选最必要的东西去记忆，他也就不会思考。"[1]

即使需要背诵，背会了写一遍不好吗，为什么非得写十遍不可？写十遍下来，那要多长时间啊，这点时间干什么不好呢！我们经常对孩子说要珍惜时间，可花一两个小时去写这种没有意义的作业，不也是在浪费时间吗？

最重要的，是要保护孩子的学习兴趣，但凡和学习有关联的任何不痛快的事都要尽量规避。所以我想，既然这样的作业已带有了"惩治"的味道，就不能去写，不能让这事在她心中种下对"作业"的厌恶。

我问圆圆现在背没背会这条定理，她说会了。我让她在作业本上写一遍，果然已经一字不差。我笑笑对圆圆说："你已经会了，一个字都不错，写一遍就行了。好了，你这个作业已完成了。"

圆圆一听有点高兴，但马上又发愁地说不行，老师要求写十遍，写

---

1 [苏]苏霍姆林斯基，《给教师的建议》，杜殿坤编译，教育科学出版社，1984年6月第2版，200页。

不够可不行。我说："老师是因为你们没背会，才要求你们写十遍，现在会了，就不用写十遍了。"

圆圆有些担心："班里同学肯定都写了十遍，要是我没写，那老师不就要说我了吗？"我看圆圆在意识中已不由自主地把这个作业当作为老师而写了，这是多么糟糕的意识啊！

我说："没事，干吗非得人人都写十遍？你现在写了一遍已写得一字不差了，就没必要写十遍。学习是为了学会，既然已达到这个目的了，为什么还要浪费时间呢？"

我这样把圆圆"为老师"写作业拉回到为"学会"写作业，是为了培植她心中对学习实事求是的态度。

圆圆还是很担心，怕老师明天看她只写了一遍，会教训她。我和她预测了一下，如果不写十遍，老师明天可能会生气，批评几句还是小事，可能会罚站，也可能会请家长到校。我给圆圆打气说："明天老师要问为什么只写一遍，你就告诉老师说我妈妈不让写那么多遍，把责任推到妈妈身上。老师如果要批评，你就乖乖听着，什么也不要说；要罚站，你就站上一节课；如果老师要叫家长，你就给妈妈打电话，妈妈去和老师沟通，向老师解释。无论怎样，你都不用太在意，因为你没做错什么事。"

听我这样说，又见我表情笃定，圆圆虽有犹豫，但因再找不到更好的办法，就同意了。

在让孩子痛苦地把作业写完和被老师批评这两个选择中，我宁可选择后者。我见过许多家长，他们明明知道有些老师布置"暴力作业"，却只是一边抱怨老师，一边又不停地督促孩子赶快写作业，担心孩子写不完明天挨老师的批评。这样其实搞乱了孩子的价值观，把"不要让老师批评"当作了首选，把孩子的个人体验和实事求是的精神当作次选。

保护孩子的面子，让他不要当着全班同学的面被老师批评——这当然重要，但这破坏了作业本身的目的性，会让孩子在学习上逐渐学会虚假做作，失去学习的兴趣，还教会孩子去迎合权威，扭曲真性情，这样做损失更大。

我心里当然十分不愿圆圆挨老师批评，但实在想不出更好的办法。不是说我不可以替孩子写，但今天这个作业不同于平时我替她写的那些作业，今天这个有明确的惩罚性，所以不能写。我想让圆圆知道，作业是不可以用来惩罚的，要对这种作业说"不"。

圆圆还是有些不放心，但看我很镇定，她信任我，就只写了一遍。

这时我想到她班里有那么多孩子，小小的手握着笔，一遍又一遍地写那条定理，心里真有一种隐隐作痛的感觉。二三百个字，对大人来说算不了什么，可这是些四年级的小孩子，怀着恐惧和厌恶的心情写上十遍，这条定理多半就再也不能真正进入他们的头脑了。

第二天，我在单位一天，没接到老师打来的电话，以为没事了。结果晚上回家，圆圆一见我就要哭，说今天一上数学课，老师第一句话就说："那条定理谁昨天没写够十遍，站起来！"根本没给她解释的机会。圆圆和另外七八个同学站起来，老师不光罚他们站了一节课，还让这几个人当天晚上回家把整个一本数学书的全部定理都抄写一遍，并说要是写不够，明天就抄写两遍，再不够就写三遍。

圆圆有些抱怨地说，还不如昨天写十遍，今天就不用写那么多了。

我翻了翻她的书，把书合起来放到桌子上，用轻松的口气对她说，这个作业不用写，一个字也不用写。圆圆吃惊地瞪大眼睛。

我说："你看，刚刚开学，数学只学了这么一点点，这条定理你已经会背会写，就不需要再写了，后面的内容还没学，抄一遍有什么用呢？没用的事就不去做。"

圆圆说不行，要是今天不写，明天就得写两遍。她说这话时眼里充满担忧，数学作业在孩子的眼中已是如此可怕了。这是我最担心的。

如何能尽量保护她对这个学科的情感，让她在想到数学时有美好的联想，而不是只想到数学老师和作业惩罚呢？儿童的价值观还不成熟，他们骨子里都是崇拜老师的，如果我只是教她不听老师的话，她内心可能会有微微的负罪感。所以我考虑如何让她看清事情真相，真正认识这件事，发自内心地不在意老师的错误行为，从而把这件事造成的伤害降到最低。

我想到圆圆平时最爱吃饼干，就用这个她最喜欢的东西来问她："你喜欢吃饼干是吧，你觉得每天吃几块好？"圆圆觉得我突然说饼干很诧异，但还是回答了："五块。"

我说："不够，每天至少吃十块好不好？"我平时是限制她吃过量的饼干的，她一般每天吃两三块。我这样说让她更感到奇怪，有些兴奋又有些不好意思，折中了一下说："太多了，吃七块吧。"

我认真地说："不，要是你吃不够十块，我就罚你吃二十块，再不够就罚吃五十块，要是五十块吃不进去，就罚你吃一百块……这样行吗？"

她吃惊地看着我，一定是觉得我既残忍又不可理喻，不知该说什么，可爱的饼干一瞬间变得恐怖了。

我亲亲她的小脸蛋说，其实呀，写数学作业和吃饼干一样，要是老师的作业留得适量，它就是件好事，要是留得太多，就不好了，是不是？圆圆若有所思地点点头，看起来有点听明白了。

我又说："这件事是老师不对，这样留作业是错误的。既然妈妈让你一下吃一百块饼干你不愿意接受，那么老师留这么不合理的作业，我们也不用按她的要求去做。不做是对的，做了才是不对的。作业和饼干一样，本身都是好东西，我们不要把一个好东西变成一个坏东西，你说是不是？"

这下圆圆完全明白了，表情瞬间坦然了不少。但她还是有些担心，问我老师要是天天让抄定理怎么办。

我明白孩子的心，她在道理上再明白，也不可能有勇气天天去学校对抗老师。我说，妈妈明天早上送你到学校，去找找老师，跟她解释一下，老师要是明白了写合适的作业才对孩子好，肯定就不会再为难你了。圆圆听我这样说，一下变得非常轻松了。她相信我会帮她把问题解决，而不会把事情搞砸。

第二天早上我向单位请了假，去学校找到数学老师。这位数学老师三四十岁的样子，一脸冷漠。我试探着和她提了一下圆圆的作业，但感觉根本就没有沟通的可能。她一听出我的来意，马上情绪非常对立，一边陈述她如何呕心沥血地教学生，生怕他们在学业上有一点问题；一边又抱怨现在的家长们不理解老师，抱怨学生们不好好学习。老师气势汹汹地和我说话，仿佛她胸中有一只火药桶，只要我有一点点言词不慎，就可能点燃她，让她爆炸。

我非常害怕和老师把关系搞僵，就俯首帖耳，赔着笑脸，一脸谦虚地听老师的教训，把责任全揽到我自己头上。我清楚自己来学校找老师的目的是什么，所以她的情绪丝毫影响不到我，在态度上完全不和她对抗，只是坚持陈述孩子没必要写这样的作业。我的态度终于平息了老师的怒火，使她情绪有所缓解，最终表示对这一次作业不再追究。

唉，我认为自己的做法乏善可陈，但作为家长，在那样一种情况下，不知道除了这样做，还能有什么别的办法。

我能理解这位数学老师，她主观上是很想把数学教好，但由于文化底子薄——这一点从她的谈话中能明显感觉到——使她在教学上力不从心。一个自身学习能力低下的人其实也不会教别人如何学，这也导致她一方面会采用一些蠢笨的办法去教学，另一方面骨子里很自卑，经常有些很变态的做法。

比如，她在课堂上给学生发作业本时有几种方式。如果作业都做对了，她就把本发到学生手上；如果有错题，就扔到地上，让学生弯腰去捡；如果哪个学生的错题较多，不但作业本扔地上，还要捏这个学生的脸蛋。圆圆还被她捏哭过一次。学校严格禁止老师打学生，这个老师只能采用捏的方法。为这事我曾给校长打电话反映过，校长说感谢家长的反映，要下去问问，但事情并没有什么改变。

受制于当时大的社会环境，家长在这样的老师面前是无能为力的。打过这次交道后，我也只能更多地寻找机会和这位老师接触，尽量和她把关系处好，以便下一次再发生什么事时，方便和她说话。

但我不能告诉圆圆我的这些无奈与方法。那天回家后，我只是告诉圆圆找过数学老师了，说老师也意识到多抄定理没什么用，同意不抄写了。别的没对她多讲，让孩子简单些吧，只要帮她把问题解决了就行了。

现在，许多孩子都在不同程度上遭受着暴力作业的伤害。暴力作业不光来自学校，也有来自家庭的。有的家长一生气，也会用写作业来惩罚孩子。暴力作业已经不是作业，是教师和家长对儿童进行惩罚与奴役的皮鞭，毫无教育功能，是反教育的。

哲学家弗洛姆说，人可以使自己适应奴役，但他是靠降低智力因素和道德素质来适应的；人自身能适应充满不信任和敌意的文化，但他对这种适应的反应是变得软弱和缺乏独创性；人自身能适应压抑的环境，但在这种适应中，人发生了神经病。[1]

儿童当然也能适应暴力作业，但暴力作业中含有的奴役与敌意，会全面地破坏儿童人格与意志的完整和健康。

家长首先一定要注意，自己绝不制造暴力作业，同时要支持孩子对来自学校的这种作业说不。家长要积极寻求和教师、学校的正面沟通，可以找老师谈，可以向学校反映，也可以自己想办法保护孩子。许多家

1　[美]弗洛姆，《为自己的人》，孙依依译，生活·读书·新知三联书店，1988年11月第1版，41页。

长一边抱怨老师作业留得太多太不合理，一边看孩子在暴力作业中苦苦挣扎而无可奈何、袖手旁观，这是最坏的。

　　圆圆小学同学中有一个很流行的笑话。说两个孩子打架，被老师罚写一百遍自己的名字。其中一个孩子很快写完被放走了，另一个孩子写好长时间还没写完。老师批评他写得太慢。这孩子憋了一会儿，终于大着胆子对老师说："老师，这不公平，他的名字叫于一，而我的名字叫阿布杜拉·库依艾兹·乌力特利古拉赫。"——所有的家长和教师，在开心一笑时，难道不应该反思吗？

暴力作业就是教育事故

　　暴力作业对儿童信心、意志、品格等有全面的消极影响。它会让孩子罹患一种"厌学"的慢性疾病，摧毁他们的上进心，吞噬他们的创造力，消磨他们的幸福感，其中的"暴力性"甚至会损害他们的道德品质。所以它不是小事，是"教育事故"。

　　人们总认为，老师布置的作业都是正确的，都是对学习有用的，孩子都应该认真完成。事实是，现在孩子们写了太多的无效作业。岂止是无效，简直是负效果。这些作业如此无聊，从对儿童学习兴趣的破坏、对儿童智力发育的阻碍来看，它已走到了学习的对立面，成为反学习的东西。我把这种作业称为"暴力作业"。

　　暴力作业主要有三种。

　　第一种是数量大。

　　请看一个一年级的孩子很普通的一次语文作业。五个生字加拼音，每个字写二十遍，A、B本各写一遍，合计下来，共写二百个拼音、二百个汉字。此外还有三个造句。如果头一天生字本上有一个错别字，还要把那个错别字再写三行，也就是错一个字就再加三十个拼音、三十个汉字；前一天错两个，就要多写六十个拼音、六十个汉字——这仅仅是语文作业。数学、英语作业也不会少，数量上绝不逊色。想想孩子一晚上要写多长时间吧，他刚上一年级啊！

第二种是惩罚性。

我看过一个初二学生的语文达标考试卷，上面有一些错，当天的语文作业是把卷面上所有的错误都改正，每个改正答案都写二十遍。比如一个字没写对，把这个字重写二十遍，这还好，如果一条成语解释错了，就要把这条成语抄二十遍。假如一段默写有两句以上的话没完全写对，或有五个以上错别字，就算全错，就要把这段文字写二十遍。

成绩好的同学和成绩差的同学的作业量，其差异是巨大的。显然，老师的用意主要在于让学生知道，考不好，没有好果子吃。

第三种是恶意评价。

圆圆初中时，她的一位英语老师，每次单词测验时，只要学生写错一个单词，就给打"0"分。也就是说，全班同学只有两个分数，不是100就是0分。圆圆也没少得0分。老师可能是想通过这样的方法让孩子们知道，不想得0分就只能争取得100分。可这难道不是一个偏执狂的思维方式吗？它更像一个心术不正的人耍的小聪明。教育家苏霍姆林斯基说："只有当教师和儿童之间的关系建立在互相信任和怀有好意的基础上时，评分才能成为促进学生进行积极的脑力劳动的刺激物。"[1] 这种恶意评价，只能导致学生们在测验中更不认真。学生们发现，这样的测试，写错一个单词和只写对一个单词得的分数一样，大家也就不在乎对错了。

暴力作业这三方面往往是相随的，犹如贪婪、自私和嫉妒往往相随一样。它不仅给孩子当下的生活带来痛苦，更破坏着孩子们对学习的兴

---

1 ［苏］苏霍姆林斯基，《给教师的建议》，杜殿坤编译，教育科学出版社，1984年6月第2版，37页。

趣和意志力，对他们一生的学习情感、学习态度形成消极影响。

每个孩子在刚入学时都对学校生活充满向往，对学习充满好奇与渴望，你看他们刚入学最初接触到"作业"这个东西时，是那样兴奋和自豪，大人想不让他们写都不可能。可是，很快，他们就厌倦了——有些字早就会写了，还要一遍又一遍地写，既没有时间玩耍，也不能早早上床睡觉。写得再认真，也总是会有写错的地方，一错就会被老师罚写更多……"学习"这个东西，好像处处和自己作对。他小小的心开始对学习产生怨恨，开始讨厌学习了。

厌倦是学习中遇到的最凶恶可怕的敌人，暴力作业则是把这样的敌人运送到孩子心中最快捷的交通工具。

一个令人痛心的教育事实是，有多少教师娴熟地运用着这样的"交通工具"，他们以为这是快捷地把知识运进了孩子心中，不知道车上装的是"敌人"。而这时更有不少家长在旁边帮忙，强迫孩子接受这些暴力作业，加速着孩子对学习的厌恶。很多智力正常的孩子就这样被伤害成"学困生"。

有两个直接原因，使一些教师和家长偏爱暴力作业。

一是他们头脑中有一套逻辑——多写多记就能多学到知识。他们认为一个字写二十遍就比写两遍好，一道题做五次就比做一次好。这真是把学习这件复杂的智力活动完全等同于老婆婆铁棒磨成针的"笨蛋逻辑"。他们不知道，大脑认知是个奇妙的过程，学知识有它自身的规律，其中感情的参与具有极为重要的作用。所以写作业并不是越多越好，而是合适才好。我们一定有过那样的体验，一个字写三遍还认识，写到三十遍时感觉越写越不像，写到一百遍就几乎不认识了。

那些怀揣着一套笨蛋逻辑的老师和家长，都是把功力用在那些可量化的、表皮化的方面。他们不懂得用有效的方法激发孩子的学习兴趣，只是用繁重的作业把孩子的肢体固定在板凳上，固定在书桌前。他们不知道这样做的后果是，孩子的内心会起一种化学变化，会生成一种叫"厌学"的物质。

第二个原因是老师和家长的急功近利。

我在北京某小学接触了几位语文教师。一位老师，她给学生布置写生字的作业时，总是让学生把一个完整的字先拆开成几部分写，比如语文的"语"字，先写一行"讠"，再写一行"五"，然后再写一行"口"，最后再合成一个"语"字，写两行。拼音也是拆成声母、韵母、调号三部分写，然后合起来写——就这一个字，总共写了九行。她这样做，确实可以在短时期内让学生记住所写的那几个字，单元测验总能得不错的成绩，哄得家长们很高兴。而另一位老师，她在班里搞阅读活动，每天留很少的作业，让孩子们回家读课外书，学生在阅读中既提高了语文水平，又感到快乐。她的做法，无论对孩子们学习兴趣的保护，还是学习能力的提高，都有良好而久远的影响。但因为学校统一出的考试卷都是只考课本上的内容，基本上都是死记硬背的东西，"阅读老师"班的考试成绩就往往不如"拆字老师"的，前者自然不如后者招学校和家长的待见。

一些家长给"阅读老师"提的意见就是作业布置得太少，以及让学生回家看课外书浪费了时间。这位老师一直顶着压力这样做。她的学生在小学低年级阶段看不出什么，到了小学高年级，尤其是小升初的一些知识测试中，就明显超过了那些死学课本的学生。她说她自己对学生进行了一些跟踪调查，她所教的学生在中学阶段学习状态都比较好，几乎没有所谓的"问题学生"。而那位"拆字老师"的学生的成绩事实上很虚幻，后续问题非常多，不少学生在小学高年级时就表现出厌学倾向，进入中学后，在学习成绩、学习品格乃至心理健康等方面都有不少问题。

不过，进入中学后，学生学习成绩的好坏、学习兴趣的有无——谁能把这些情况和小学老师的教育挂上钩呢？人们只会把中学的情况归到中学老师和学校那里。

我也和那位"拆字老师"聊过，这位老师并非不知道她那样做的坏处。她说，反正我只教他们这几年，这两年他们成绩比别的班好就行，以后怎样，那不是我的事了。这位在教学上让学生饮鸩止渴的老师，是学校的"名师"，家长们总是趋之若鹜地想尽办法把孩子送进她的班里。大家看到的是，在她任教的时间里，班里语文考 100 分的人动不动就超过一半。

暴力作业产生的两个原因，反映的是我国当前教育上的两个宏观问题：一是教学评价的导向问题，二是教师的素质问题。我认为这两个问题是当前我国教育改革的关键，是解决一系列教育问题的切入点。可现在种种责难却都把板子打在"高考"上，高考成了一切教育问题的罪魁祸首；而种种所谓"教改"，都只是剜新肉补旧疮，或者是头痛医脚——这是个很大的话题，在这里无法展开评说。

如果孩子遭遇暴力作业，我们该如何做？我在另外两篇文章《替孩子写作业》和《不写"暴力作业"》中谈了我的想法和做法，可以作为参考。

重要的是家长要对暴力作业有认识，如果你经常有意识地精心保护孩子的学习兴趣，那么不管遇到什么情况，自然会想出来对付暴力作业的办法。

现在的很多情况是，孩子遭受了暴力作业，却不去对家长说，不去求得家长的帮助，这还是要从家长身上找原因。

有个初一的孩子因为上课捣乱，被老师罚抄课文十篇，这个孩子真的就一晚上硬是把那十篇课文抄完了。孩子宁可接受"刑罚"，也不对家长说，这种情况应该和孩子对家长态度的预感有关。如果平时家长遇事不能很好地理解孩子，比较随意地批评孩子，对学校教学充满了盲目崇敬，那么孩子凭直觉就会认为和家长说了也白说，不但于事无补，还可能挨训，雪上加霜。

孩子承受了暴力作业，他一晚上抄完了十篇课文，第二天还是那样上学去了，好像什么也没损伤，什么也没缺少。这种情况甚至有的家长知道后还会窃喜，以为孩子多抄了课文就比别的孩子多学习了。他们没看见孩子受的内伤，这种甚至终身无法痊愈的内伤。

暴力作业对儿童信心、意志、品格等有全面的消极影响。它会让孩子罹患一种"厌学"的慢性疾病，摧毁他们的上进心，吞噬他们的创造力，消磨他们的幸福感，其中的"暴力性"甚至会损害他们的道德品质。所以它不是小事，是"教育事故"。

令人痛心的是，这种事故天天都在全国大面积发生着。只要和中小学生或他们的家长聊聊，就会发现"事故"不仅多，而且方式无奇不有，令人叹为观止。

多年来，儿童会不会遭遇暴力作业，全仰仗运气，只要不是各科老师都喜欢暴力作业，就已经是万幸了。

国家每年为教育科研拿出数目庞大的经费。师范院校、教育科研院所在不停地做课题，中小学现在也都在做"课题"，仿佛教育界上上下下都在专心研究问题。为什么这么具体、这么迫在眉睫的事没有人去关注？

拥有最多科研经费的教育专家学者们喜欢高屋建瓴地宏论，在事关儿童每一天学习生活的问题上却总是缺席！

我的一位中学同学是一名优秀的小学教师，荣获全国特级教师称号。她说，以她这些年来的工作经验，孩子们写生字，每个字写三遍效果最好——这么一项简单而有效的经验，我认为这才叫"学术成果"——如果推广开，会让全国多少儿童减轻暴力作业带来的痛苦，从此变得爱学习啊！它仿佛简单得没有任何技术含量，实际上却包含着一套非常完善的教育学、心理学以及认知科学的理论。比起那些和学校生活完全没有关系的、语句佶屈聱牙的厚厚的"学术著作"或"教育研究成果"，这位特级教师的经验如此朴素，却如此有价值。可惜的是，经验得不到推广，受益的人太少了。

再说教育行政部门，总是用"行政思想"来自上而下地管理学校，很少考虑用"教育科学"来细致入微地服务于学校。这使得一些教育行政手段不仅无效，而且成为师生们新的负担。

2007 年，我从报纸上看到某地教育行政部门出台了一个小学生"减负"方案，要求小学生的书包不能超过六斤。政府给各学校下达规定后，并派员到各学校抽查监督。这导致学生们只好化整为零，先背个四斤的书包进去放下，再到校门口从妈妈手中接过一个五斤的书包背进去。联想到这么多年教育行政部门要么不作为，要么乱作为，只能说这场减负无非儿戏。这个"减负方案"不管它用去多长时间出台，酝酿过程都没超越"拍脑门"的时间和水平。

"减轻学生书包重量"其实多半是个比喻性说法，"书包"在这里只是学业的一个象征。书包的实际重量和学生学业负担的轻重，有一些表层联系，但并不对等。"减负"应该用思想和专业意识去做，怎么可能用秤去做？

"如果教师只考虑怎样迫使学生用更多的时间坐在那里抠教科书，怎样把他们的注意力从别的一切活动中都吸引过来，那么负担过重的现象就是不可避免的。"[1]

1 [苏]苏霍姆林斯基，《给教师的建议》，杜殿坤编译，教育科学出版社，1984 年 6 月第 2 版，67 页。

　　杜绝不同程度的暴力作业，才是最重要的减负行为。把暴力作业上升到"事故"的高度，可以让人看到它的破坏力，引起人们的警醒。

　　国家为杜绝各行各业的生产事故，不停地制定和出台相应的管理标准和管理办法。煤矿发生事故不允许瞒报，而且要追究相关责任人的责任。但全国每天有多少暴力作业事故，在以一种常态合理地存在着?!

　　有谁来揭露这件事，有多少人听到了千百万儿童的呻吟？说得轻一些，它永久性地破坏了许多孩子对学习的热情和兴趣；说得重一些，它在蛀蚀和扭曲我们国家和民族的未来。什么时候能为孩子们出台这样一套科学的"办法"，让他们免受暴力作业之害呢?!

第三章

培养良好的学习习惯

在培养"好习惯"的过程中如果方法用得不对，恰恰就培养了坏习惯。方法用对了，好习惯就是水到渠成的事。正确的方法，其实远比错误的方法简单易做。

"不陪" 才能培养好习惯

家长陪孩子学习的时间越长，扮演的角色越接近监工。而孩子从骨子里是不喜欢一个监工的，最多表面上暂时屈从，内心绝不会顺从。所以说，陪孩子写作业，不是培养孩子的好习惯，而是在瓦解好习惯，是对儿童自制力的日渐磨损。

一个人，首先是个自由的人，才可能成为一个自觉的人。

陪孩子写作业，现在已成了许多家长的"功课"。

孩子上小学后，整个家庭生活方式都会发生变化。孩子的生活中开始有了一种叫"作业"的东西，它仿佛是第一张多米诺骨牌，能带来此后一连串的变化——作业事关孩子的学习成绩，成绩事关未来的升学，升学又决定了事业前途……每个对孩子负责的家长，怎么能不在意这件事呢？于是很多家长放弃自己的一些活动，天天陪着孩子写作业，他们希望以此培养出孩子爱学习、规规矩矩写作业的好习惯。

家长们陪的方式略有不同，有的是在孩子写作业时搬个凳子坐在旁边盯着，非常形象地"陪"；有的是不时地过来，先了解一下要写什么，再不时地过来看看写得怎样，最后还要细心地检查。无论何种陪法，在孩子的学习上家长都是全程参与，从头关照到尾。

孩子需要"陪"吗？我认为不需要。

圆圆刚上学时，学校给新生家长开会，提出家长应该经常陪着孩子做功课，每天检查孩子的作业等要求。但我们没那样做。我们只是在最初几天，当孩子对学校生活、写作业这些事都还比较陌生时，在旁边给予她一些指导和提醒，让她尽快熟知一些基本的规则和做法。这个时间只有一周，后来就没再管她——既不陪写，也不刻意检查她的作业，最多提醒一句：该写作业了。

这不是家长不作为，而是意在培养她自己形成良好的写作业习惯。

刚上学的一段时间里，圆圆对写作业感到很新鲜，回家第一件事就是要写作业，那神情就像对待刚买回来的一个洋娃娃似的。时间稍长，她就失去新鲜感了。回家就先吃东西、玩耍、看电视，一直磨蹭着不去写作业。当我们发现已经有好几天圆圆都是需要我们提醒才去做作业时，就决定以后连提醒这句话也省了。

我和她爸爸达成默契，我们装作完全忘掉写作业这回事，只忙活自己的事情，每天任凭她玩够了再去写作业。

很快，她就把自己搞乱了。有一天回家后，她一直没写作业。先看动画片，饭后玩了一会儿玩具，然后又看书，又看会儿电视。到了该洗脸刷牙、上床睡觉时，她才想起今天忘了写作业，急得哭起来。

我和她爸爸其实早就着急了，但我们一直装作没注意她的作业问题。这时我们才做出和她一样着急的神情，说："是吗，你今天没写作业啊？"

我们说这话时，只是表示了微微的惊讶，没有一点责怪的意思——这个时候千万不要责怪啊，孩子哭，就说明她已经知道自己把事情做坏了。家长如果再带着抱怨和批评的口气说："你怎么能忘记写作业呢，现在着急了吧！"孩子就能从中听出"你真不像话""活该"的意味，她就会忘记自责，开始对抗家长的批评。

所以我只是亲亲她的小脸蛋，语气平和而友好地对她说："宝贝不要哭了，谁都会有忘记什么事情的时候，没事，我们现在想想怎么办吧。"

听我们这样说，圆圆停止了哭泣。父母这样理解她，可能给了她很大安慰，她情绪平静了不少。

她爸爸心里早就着急了，这时脱口而出："那就晚睡一会儿，赶快写吧。"

看得出圆圆当时已经困了，她听爸爸这样说，有些不情愿，表现出发愁的样子。

家长一着急就会替孩子做决定，这是错误的。人的天性是愿意遵从自己的思想，排斥来自他人的命令。所以在培养孩子的过程中，为了形成儿童的自觉意识，也为了他更好地执行决定，应该尽量让孩子自己去思考和选择。哪怕是相同的决定，如果它不是来自家长的指令，而是来自儿童自己的意愿，他也会更愿意去执行。

我赶快对圆圆说："你愿意今天写，就晚一会儿睡；要是想明天早上写，妈妈提前一小时过来叫你；如果早上也不想写，明天就去学校和老师说一下今天的作业忘了写了，这一次就不写了。"

圆圆当时面临的不外乎这几种选择。她想了一下，知道最后一种选择不合适，立即否定了。

我敢肯定，刚上小学的孩子，如果他以前不曾遭遇学前班或幼儿园布置作业的困惑，如果他的自尊心不曾受到损害，他是不会同意不写作业的。每个学龄儿童心中都有对作业的责任意识，还有自尊和对老师批评的惧怕，这些让他不会随便放弃作业。

圆圆当时虽然很想睡觉，但可能是不写完作业她心里总有个事，不舒服，就说要现在写。我们说好，那就现在写吧。她无可奈何地下床，从书包中掏出书本，说不想在自己的小屋写，要到客厅写，可能是觉得小屋容易勾起睡觉的愿望吧。我和她爸爸再也没说什么，只给她找个小凳，让她到茶几上写，我们就各自干各自的事去了。

过了一小会儿我们也该睡了，洗漱完后，我过来看了一下圆圆。她刚刚写完语文和英语，数学还没写。出于本能，我很想陪着她写完作业，但一念间又觉得不能那样，于是我说："妈妈爸爸去睡觉了，你写完了自己回房间睡觉吧。"

平时她睡得早，都是我们送她进房间。这时，她抬起头，有些嫉妒地说："为什么你们大人就没有作业，只有小孩有作业！"

我们被逗笑了，说我们其实也有作业，爸爸要画那么多图纸，妈妈要写那么多文章，这都是我们的作业，也必须按时完成。

写作业的道理小孩子自己其实也明白，就不用给她讲了。我们又亲亲她的小脸蛋，像平时一样愉快地跟她打过招呼，就回自己房间了，留下她一人在客厅写作业。

我们假装关灯睡了，竖起耳朵听她的动静。圆圆大约又写了十几分钟，自己收拾书包去睡了，我们才把悬着的心放下。第二天也没提这事，就当什么也没发生过。

在这里我想提醒家长们，对于孩子偶尔所犯的小过失切不要大惊小怪，内心一定要坚定一个想法：它只是个"小事"，不是个"错事"，孩子的成长需要经历这些"小事"，让孩子在经历中得到经验，它们是更重要的功课，比写在本子上的作业重要。

不需要批评，也不需要担心，更不需要经常性的提醒。要允许孩子"犯错"，"犯错"恰是孩子成长的契机。不要让孩子有内疚感和负罪感，否则的话，一点小事真能固定成孩子一个难以改正的缺点。

接下来几天，圆圆回家早早就把作业写完了，我们心里很高兴，但没有很夸张地表扬她，只是淡淡地告诉她每天都这样做是个好习惯，应该保持，表情中流露出对她的满意。

早早把作业写完带来的方便和愉快，圆圆自己也能体会到，这个道理一点就透，哪怕她是小孩子，也无须多说。但她毕竟是孩子，时间稍长，就又开始在写作业方面有些懈怠。距第一次忘记写作业大约十天，圆圆又一次忘了写作业。

本来那天准备睡觉的时间就比平时晚，她想起来作业忘了写，说今天的作业还留得多，得写好长时间，说着又愁得要哭。我们还是采取和前一次大体相同的方法，宽慰过她，就把她一人留在书桌前，我们去睡了。

可能很多家长遇到这种情况会不忍心，觉得自己陪在孩子身边，孩子会有安慰，会写得更快更好，但那样会有几个坏处。

一是孩子会在家长面前刻意表现他的痛苦，博得家长同情，这既影响他写作业的专心，又影响速度；二是家长陪写，会让他觉得不完成作业至少不是他一个人的事，是他和家长共同的事，时间长了，会在心理上对家长形成绑架，养成依赖性，这特别不利于孩子自我责任意识的形成；三是家长坐在旁边多半会忍不住唠叨一句，不论是略有不满地说"赶紧写吧，谁让你又忘了呢"，还是善意地提醒"以后回家好好记着写作业，不要再忘了"，或者是看孩子开始磨洋工，忍不住督促"快点写，你看都几点了"，所有这些话对当时的孩子来说都没有意义，还弄得孩子烦。所以即使你有时间，也不要陪他，即使你当时还不想睡觉，也要假装去睡。

更重要的是，情绪上要和平时没有两样，就像孩子按时完成了作业一样，千万不要指责孩子。并不是让家长表演不生气，而是家长要发自内心地相信孩子，相信他天生有自我责任感，有自尊，他只需要时间和经验一点点完善自我。如果你发自内心地相信孩子，想生气也是生不出来的。

有的家长可能会说，我可没有你那么好的脾气，我一看见孩子没写作业，火气就上来了。那么，我要说，如果家长在对待孩子的问题上从不去认真地思考，不去理性地处理，只是凭情绪做事，一遇到问题就着急，一着急就发脾气，这只能说明你是个任性的家长。一个任性的家长，怎么可能培养出一个不任性的孩子呢？

那天圆圆确实写得比较晚了，我们一直竖起耳朵听她的动静，到她睡觉时都快十二点了。很心疼她睡这么晚，明天还得早起。但这也是她成长中应该体验的"功课"，她从中一定能学到东西。我们并不觉得她忘了写作业是件坏事，倒觉得它是个教育契机，可以促成圆圆自觉意识的养成和学习习惯的培养。

确实，在我们的印象中，圆圆自那以后，再没发生过临睡觉时才想起写作业的事。她很快就学会了安排时间，有时在学校就能抓紧时间完成不少作业，一般回家也写得很快。

家长应该记住这一条：在培养习惯的过程中，如果总是制造孩子的主动性和成就感，他就会在这方面形成一个好的习惯；如果经常让孩子有不自由感和内疚感，他就会在这方面形成坏习惯。

孩子毕竟只是孩子，什么事情没做好，只让他感受因此带来的不便，就已经够了。孩子每有一种失误，感受到失误带来的不便或损失，才会产生相应的调整需求，就像渴了自然想喝水一样，这种调整需求是每个正常孩子都会有的。

家长不生气，不过分指导，孩子才能有机会主动调整。如果孩子一做错，家长就批评孩子一顿，要求他作出什么保证，或者由家长直接给出一个解决方案，那孩子就失去了主动调整的机会，这种调节能力也会慢慢丧失。

可以说，致使儿童无法养成好习惯的"最有效方法"就是：命令、唠叨和指责。所以当家长责怪孩子某个习惯不好时，首先应该反思自己的教育方法对头吗。

儿童所有顽固性的坏习惯，几乎都是小问题没得到合理的疏导解决，长期和家长或教师摩擦冲突形成的。陪孩子写作业就是特别容易养成儿童坏习惯的一种做法。

家长陪的目的是希望有两个提高——效率高、质量高。所以一看到孩子磨蹭或不认真，就会告诉他应该抓紧时间，要认真写。天天陪，这些话差不多就会天天说，因为孩子几乎不可能那么安安静静地长时间地坐着，大多数情况下也不会把作业写得那么完美。

开始时孩子还会在意家长的话，时间长了也就不在意了，这惹得家长说话时就会有些不耐烦，孩子就在情绪上开始和家长对立，事情于是开始走向恶性循环。

人的天性都是追求自由的，任何为儿童所热爱的事情，当它变成一项被监督完成的活计，其中的兴趣就会荡然无存。家长陪孩子学习的时间越长，扮演的角色越接近监工，孩子从骨子里是不喜欢一个监工的，最多表面上暂时屈从，内心绝不会服从。

所以说，陪孩子写作业，不是培养孩子的好习惯，而是在瓦解好习惯，是对儿童自制力的日渐磨损。

什么叫好习惯?

按时按点地坐在书桌前，并不等于有了按时按点学习的习惯。"习惯的重要性并不止于习惯的执行和动作方面，习惯还指培养理智和情感的倾向，以及增加动作的轻松、经济和效率。"[1]"陪"所制造的习惯，只是

1　[美]杜威，《民主主义与教育》，王承绪译，人民教育出版社，2001年5月第2版，56页。

肢体上的；"不陪"才给孩子留下了让习惯在内心生长的空间。"陪"与其说在帮助孩子，不如说是在给他制造麻烦。

很多媒体、教师或"教育专家"都在建议家长应每天陪着孩子写作业，这种想法是错误的。一个人，首先是个自由的人，才可能成为一个自觉的人。

我见过许多看起来确实需要有人陪着学习的孩子，没人陪就一点都坐不住，甚至是孩子自己提出要求，希望家长陪着写作业——但这个事情不能孤立去看。

需要家长陪着写作业，这绝不是孩子的天性需求，也不是一个正常要求，这只说明孩子已养成一个坏习惯。他学习成长中遇到的一系列的摩擦和挫折，已造成了他不会管理自己，造成他内心的无力感和无助感。他对自我管理极为不自信，只好求助于外部力量约束自己。事实上，他的内心是反抗这种"陪"的，所以即使有家长在身边，他也不可能真正把心思放到学习上。

这种情况，家长可以陪孩子一段时间，但一定要想办法从中抽身。不抽身，孩子的独立性将总也不能生成，那么他会越来越苦恼，越来越不自觉，"陪"的效果也将越来越小。

同时家长一定要反思自己在过去时间里对孩子的教育哪里出了错误，这种反思也将决定你如何抽身，决定你的帮助是否能对孩子有正面作用。

抽身的两大原则：第一要有耐心，不要急于求成；第二要在整个过程中尽量制造孩子的愉悦感和成就感，哪怕他开始做得不好，也绝不要制造他的内疚感和失败感。

家长在抽身不陪之前要让孩子学会自己站立，否则他只能再一次摔倒，且摔得更惨。

苏联教育家苏霍姆林斯基认为，如果一个人在童年时期体验过克服自己的弱点，并因此感觉到满足，那么他就会以肯定的态度看待自己。

人们正是从这一点上，开始自我认识。没有自我认识，就既不可能有自我教育，也不可能有自我纪律。一个年纪幼小的人，不论他把"懒惰是不好的"这句话记得多么牢，理解得多么清楚，但是如果这种情感没有迫使他在实际行动中管住自己，那么他就永远不会成为一个意志坚强的人。[1]

孩子的弱点如果总是通过大人的操纵去克服，那所谓"克服"就不存在，最多有暂时的屈服。屈服是不会成为孩子自我认可的一部分的，只要有机会，他就不再想屈服，就要从约束中挣脱出来，回到老样子。

陪孩子写作业还有一个坏处，有些家长因为陪孩子付出了时间和辛苦，就产生讨债心理，当孩子成绩不好或习惯不好时，就会说：我花那么多时间陪你培养习惯，你居然学成这样！

这样的话更让孩子丧失自我管理的信心，同时也会产生负罪感，这对孩子的道德培养也没有好处。

"陪"与"不陪"与其说是行为方式，不如说是一种教育理念，不能简单地从形式上界定它。比如有的家长整天忙着喝酒打麻将，确实也没时间没心思陪孩子，对孩子没有责任感，不管不顾。这样的"不陪"与我们这里说的"不陪"不是一回事，完全是两个概念。

1 [苏]苏霍姆林斯基，《给教师的建议》，杜殿坤编译，教育科学出版社，1984年6月第2版，343页。

如何让孩子自觉地少看电视？

　　　　要尽可能减少环境中的诱惑，而不是劝说孩子去抵抗诱惑；
要用"人性"来体恤孩子，而不是用"标准"来要求孩子。

　　台湾作家李敖尖锐地说："电视是批量生产傻瓜的机器。"他的话不是
没有道理。

　　研究资料显示，人在看电视时的脑电波和睡眠时的脑电波非常接近。
坐在电视机前，大脑无须主动去反应任何问题，身体也是一种松懈状态，
这对大脑和身体正处于发育时期的少年儿童非常不利。

　　学龄前经常看电视的孩子和经常阅读的孩子相比，智力差异明显，
上学后成绩差异明显。

　　因为儿童早期是智力启蒙的最佳机会，而智力发育需要获得不断的
信息刺激。电视是被动的、生活化的活动，孩子能从电视上了解到一些
东西，但和阅读相比，电视对儿童的大脑刺激作用很小，所以智力启蒙
效果也很小。用电视启蒙而不注意阅读启蒙，是捡了芝麻丢了西瓜。

　　还有习惯的问题。孩子从小长时间地在电视前待着，容易形成离开
电视就无所适从的状态；任何需要付出意志努力的事情，对他来说都有困

难，都提不起兴趣。这种惰性会迁移到学习上，使他对学习这种需要主动意识和意志努力的活动望而却步。

一般来说，圆圆想干什么我们都不会阻拦，唯独在看电视这个事上，曾对她控制比较严。

但这"控制"基本上没有被她察觉，因为我们从没直接对圆圆说过"别看电视了"这样的话，也没给她规定每天只能看多长时间的电视，更没有强行关闭过电视。所以就她个人的体验来说，没觉得家长在这件事上管过她。相反的是，我们的一些行为看起来倒像是纵容。

比如在她上小学时，电视剧《还珠格格》火爆一时。本来我家很少看连续剧，我觉得看连续剧太浪费时间。这种观念从小就影响着圆圆，她一般情况下不会主动要去看一个连续剧。《还珠格格》刚播出时我们不知道，她在学校听同学们说这个很好看，就回来找到这个节目，一看就被吸引住了，里面的主角小燕子让她着迷。

电视剧每晚播放三集，从七点半到十点，而这个时间原本是圆圆写作业、练二胡、读小说的时间。按她的习惯是每天回家先写作业，再练二胡，然后读小说或玩耍，九点半睡觉。现在，到电视剧开的时候，她一般刚写完作业，等到电视剧放完了，已经过了平时睡觉的时间，二胡肯定是不能练了，小说也没时间看了。

小说暂时不看倒没什么事，她刚学二胡不久，必须天天练。我心里有些着急，这时很自然地想到建议她每天少看一集电视剧。但这个念头马上被否定了，她那么喜欢看，剧情一环扣一环，今天看完了等不到明天，怎么能忍心让她每天少看一集呢。况且，就算我忍心，强行让她少看一集，她也不可能在那个时间有练二胡的心。

其实圆圆自己也着急。看电视的时候她很陶醉，等到看完了，却发现已经没有练二胡的时间了，她也很内疚。但以她当时的意志力，她还做不到主动要求少看一集。

我开始动脑筋去想一个解决办法。

经过斟酌，我和圆圆商量，能不能以后回家先练二胡，然后再写作业。也就是说，电视剧开始之前练二胡，练完二胡后电视剧差不多就要开始了，然后一边看电视一边写作业。

一边看电视一边写作业——我这个建议在许多人看来真是疯了，怎么可以这样教唆孩子，孩子最怕的是学习不专心，他们应该从小养成专心学习的习惯。

我是这样想的：小学生的作业其实多半是体力活，他们在做作业时并不需要动用多少脑力，不需要深入思考，孩子们只要调动一部分注意力就可以完成作业；而看电视本身又是件不需要付出任何努力就可完成的事。写作业和看电视这两件事都比较简单，应该可以同时进行。这是一心二用，但并不影响什么，如果说有些影响，也并不严重，总体权衡还是个好办法。

圆圆一听我的建议，非常乐意，这样她就可以把写作业和练二胡这两个最当紧的事情都完成，又不耽误看电视。由于家长的信任，孩子心里没有任何不自在，她果然把这几件事协调得很好。电视剧开始之前先练二胡，然后边看电视边写作业。

事实上，在电视剧播放过程中，圆圆总因为看得太投入而完全不动笔，但只要一插广告或片头片尾曲时，她就会抓紧时间写一些。她写作业的速度因此明显加快了。同时她也更懂得利用时间，为了晚上回家看电视方便，她在学校就尽量利用各种零散时间写作业，回家后见缝插针地写一些，作业每天都能正常完成。

大约是隔了几个月或是一年的时间，电视台开始播《还珠格格》第二部，圆圆又开始了一个看电视的"狂欢期"。我记不清她每天回家后具体时间是如何安排的，因为我已无须在这些事情上插手或过问，只记得她电视剧一集不落地看了，作业该写的都写了，二胡也天天练，还买了和剧本配套的全部《还珠格格》的书，好像有一二十本，电视剧结束前这些书也都看完了。

一些家长可能会担心："我的孩子不听话，如果我这样放开了，他就会完全管不住自己，他就会总是边写作业边看电视，看了一部又一部，这肯定是要影响学习成绩啊。"

我理解这些家长的担忧，这些家庭中的孩子似乎很不懂事、很不自觉。我想对这些家长说的是，不要孤立地看待一件事和一种现象，孩子"不自觉"的形成原因有多方面，它多半反映了家庭中有积淀已久的教育问题。最主要的，就是遇到什么事情时，家长在处理方式上充满强权作风，不注意体贴孩子的情绪、面子、能力、愿望等，多是采用直接告知的方式来教导或批评孩子。比如数落孩子看电视时间太长，强行关电视，要求孩子回房间学习等。

采用这类处理方式的家长应该想一想，关了电视，就关了孩子看电视的愿望了吗？让他离开电视坐到书桌前，他就去学习了吗？如果不是出于自觉自愿，不仅当天的学习谈不上用心，接下来明天后天他也不想去好好学习。他看电视的愿望在压抑中更被强化，他的内心在看与不看间充满矛盾和痛苦。强制，不是在教育孩子，只是一再损伤他的自觉和自信。

请相信孩子是一棵禾苗，润物细无声的教育对他最有好处。

孩子身上原本有一种积极的自我完善的天性，如果一种"控制"对他的个性及意志没有损伤，而是帮助他更好地适应一些事情，他就会在这种适应中更加健康地发展自己的天性，并在体内生长出"自我控制"的力量——这就是孩子"懂事""自觉"的来源。

所以，我的"纵容"只是疏导，疏导也是控制的一种，它是一种不让孩子难受的控制。圆圆没有为看电视的事情苦恼过，在我家里从未发生过因为看电视和孩子相冲突的事。

还记得圆圆上初中时，电视台播了一个叫《嫁到非洲》的连续剧。说的是一个上海的女孩子和一位非洲留学生相恋，她冲破种种阻碍，跟随小伙子到了非洲，然后在非洲经过一个从不适应到适应的过程。这个故事很特别，我俩在一个周末无意中看到，然后一起被吸引了。那个电视每天放两集，但圆圆当时住校，只能在周末回来看两次。我发现她眼里流露出遗憾，而当时我们也没有设备把电视录下来，于是就赶快想办法，告诉她我把周一到周五的内容用文字记录下来，她周末从学校回来就可以补上误过的剧情了。

虽然不希望她看连续剧，可一旦看开了，我就理解她希望看下去的心情，将心比心，大人看一个连续剧，中间被突然打断也很不舒服，孩子肯定也一样。于是我天天一边看电视一边在本上记，每个情节、人物对话，甚至一些场景，我都尽量记录下来。圆圆周末回来先从本上"看"几集，再跟我坐在电视机前看。两种"看"加起来，一集没误。

我这种做法在圆圆看来很正常，她已习惯我的种种"纵容"之法，但她从来不会利用我的纵容。总的来说，圆圆对自己该在什么时间看电视、什么时间不看掌控得很好。尤其随着年级升高，她越来越懂得珍惜时间，更不会让电视无端地浪费自己的时间。

少看电视的行动如果从孩子很小的时候就做起，实现起来则容易得多。如果在孩子小时候纵容他无度地看电视，实际上是在给孩子制造一个大麻烦。

凡要求孩子做到的，家长一定要以身作则。我家的电视机也天天打开，看的时间却不长。一般情况下是晚饭前后看，饭后我们各自有自己的事情要做，电视就关了。这件事做得并不严格，比较随意，偶尔遇到很想看的电视，也会花不少时间去看，但不养成天天在电视前耗着的毛病。总的来说我家看电视的时间比大多数人家少得多，人们谈论的热播电视剧我们大多数都没看过。圆圆从小受这种影响，很自然地形成了"电视不能无节制地看"这样一个观念，一般的节目她是不会去看的，除非是特别喜欢的。

不少家长在孩子年幼时一般不计较孩子看多长时间电视，随意让孩子跟着老人从早到晚地看电视，甚至有的人嫌孩子打扰自己，就用电视机哄孩子。只是等到孩子上学后，有了作业和考试，才开始和电视争夺孩子。

如果孩子在上学前习惯了"看电视"这个事，没有发展出其他兴趣，上学后突然被限制看电视，他会非常不适应。他的习惯突然被管制，他的享受突然间变成错误。他本来每天活得自由自在，大人突然要求他"自觉""努力"，可他无从去寻找这个东西，只好"不自觉""不努力"。无论他表面如何和家长顶牛，他内心其实是很为此痛苦的。

我把这样的观点对一些家长讲了，不少人不以为然。

一位家长说："我那个孩子，才不会为这个事痛苦呢。他总是找借口从他学习的屋子里跑出来，然后找借口在电视机前多待几分钟，哪怕是几秒。比如来茶几上取一个苹果，削皮时那叫一个慢。好容易削完了，我让他回屋里吃，他就慢吞吞地站起来，倒退着回他的屋，就为了多看一眼电视。他哪里痛苦啊，多看一眼电视他乐死了。"

这位家长这么表面化地看问题，她不知道孩子倒退着回屋时，内心多么痛苦，更不知道这痛苦是如何来的，也不想探究如何帮助孩子解决这个痛苦。这真是让人感到遗憾。

家长为什么不可以改变一下方法，用策略来转变一下孩子的习惯呢？

我在写这篇文章时正好收到一个朋友的电子邮件。她说有一次晚饭后她正在上初中的儿子又一直看电视不去写作业，她正要像老样子下命令时，脑子一下闪出我曾经对她说过的"欲擒故纵"。于是咽下要出口的话，把遥控器递到儿子手里，和颜悦色地对孩子说：妈妈不看了，你啥时不看了，就把电视关了。说完她离开客厅，回到卧室看书。她儿子那一瞬间有点吃惊，但马上很高兴地说好，接过遥控器——这在以前可是妈妈不敢交到他手上的东西。当妈的刚进卧室时还有些担心，她没想到的是不到五分钟，就听到儿子把电视关了。孩子还从卧室门探进头来，看到妈妈正捧着一本书在读，确认妈妈没生他的气，就调皮而愉快地说："妈，我写作业去了。"这位朋友说，以前总是因为看电视的事批评抱怨孩子，没想到自己稍一改变方法，孩子就有相应变化。看来是自己以前用错了方法。

在控制孩子少看电视方面，我认为正确的做法是，在他很想看的时候让他心安理得地去看，不要让孩子一边看电视一边觉得有负疚感，但平时家里尽量少开电视，家长自己在看电视上做到节制，以身作则，用行动产生说服力，这就够了。

最糟糕的情况是，家长自己整天在客厅里看电视，孩子从自己的书房里跑出来想看一会儿，却遭到训斥。理由是：我是大人了，工作一天很辛苦，并且现在不需要学习，可以晚上看电视；你是孩子，需要好好学习，需要完成作业，所以不应该看电视。

这样的道理听起来没错，孩子也无法反驳，但这样说，你实际上是在告诉孩子：电视是一项特权享受，我已经有资格享受了；你还没有资格，你只有好好学习，将来才能获得这样的资格。

这样说，不但会强化孩子看电视的兴趣，还让孩子觉得他和大人不平等。他意识到了大人的强权，也意识到了"学习"和"享乐"是对立的。他理性上知道应该去学习，可是天性中的享乐愿望又让他非常想看电视。这种矛盾让孩子不舒服，不舒服感如果经常刺激他，更会慢慢激发他对看电视的渴望和对学习的厌烦。

关于家长少看或不看电视，我对一些为孩子看电视而头疼的家长建议过，不少人表示这一点难以做到，有的是管不住自己，有的是管不了配偶，有的是不好意思让家里老人委屈，总之电视就是不能不开，也不能少开——如果一件事情连家长们做起来都有难度、都不想做，为什么要求孩子能做到呢？

"桃李不言，下自成蹊"，家长的行动比言语更有说服力。要尽可能减少环境中的诱惑，而不是劝说孩子去抵抗诱惑；要用"人性"来体恤孩子，而不是用"标准"来要求孩子。每个孩子都是非常懂得感恩的，如果家长在和他的相处中很体贴他，他也会反过来以他的"懂事"和"听话"回报家长。

电视如美食，本身没什么错，但享用要有节制。我们在教育孩子时，要想办法让他学会有节制地吃东西，而不是把美食锁进冰箱，惹得他总想瞅个空偷吃几口。

家庭教育中，在任何事情上，家长和孩子都不要形成这种猫捉老鼠的关系。不要让孩子因为"听话"或害怕家长才不看电视，要培养他的理性和上进心，让少看电视成为孩子自觉自愿的选择。

圆圆上大学后，有一次我问起她，是否感觉我们对你看电视有过限制。

她说没有啊，你们从来不管我呀。她的记忆中甚至尽是我们的纵容。除了不说什么，还经常和她一起看动画片，比如《米老鼠和唐老鸭》《机器猫》《鼹鼠的故事》等都是我们在一起看的。

我又问她是怎么做到有节制地看电视的，她说不知道，好像没有有意识地约束过自己。她又想想说，觉得看电视也挺好，不过一直有一种感觉，觉得不应该花太多的时间在那上面。看电视不如看小说有意思，有时间的话，宁可读一本小说或杂志。

　　从幼儿期培养孩子阅读的习惯，也是防止他患上电视瘾的好办法。如果一个孩子从小喜欢阅读，他的智力就会发育得更好，他会更容易发现别的有兴趣的事。同时他的思想会更成熟更理性，他知道事情的轻重缓急，不会舍得让电视浪费自己的时间。

　　有的家长不赞成孩子从小阅读，认为小孩子应该活得轻轻松松的，太早让他读书很累，应该等他长大了再去阅读——有这种想法的家长，一般来说他自己不喜欢读书，把阅读看成一件劳累的事。他不知道孩子是多么容易受到书的诱惑，一个心智开始萌动的孩子，他捧着一本书时表现出的如醉如痴，甚至超过看电视。孩子是在阅读中成长，还是在电视机前长大，其所形成的智力差距和智慧差距是巨大的。

　　与其说在看电视问题上我"控制"了圆圆，不如说一直是在用"疏导"的思路来解决问题——不去控制孩子的身体动作，而是想办法引导她的心；不满足于孩子表面上的服从，而是让好习惯成为孩子内在的一部分——这才叫教育，才是解决问题的根本吧！

如何让孩子兼顾学业和游戏?

玩耍是儿童最重要的学习途径之一，儿童是在玩耍中认识世界、发展智力、体验常识的。剥夺玩耍，不仅是剥夺儿童的童年快乐，更是在剥夺他们有效的学习方式。

在读这篇文章前，请大家先做一道测试题。

周末，两个初中生各自在家玩电脑，都在午饭摆上桌时不愿下线。

一位妈妈叫孩子两次，看孩子不愿下线，愉快地把饭碗端给孩子，让他一边玩一边吃，不让孩子别扭。另一位妈妈叫孩子两次，看孩子不愿下线，不再吱声，吃完饭收拾饭桌，把剩下的饭倒进垃圾桶，惩罚孩子，不给他吃饭。

大家觉得哪个方法好？如果你是家长，你会选择哪一种做法？

在我这几年接触的家长中，选第二种的更多些，那本文就从第二种说起。

请做出这一选择的家长先回答一个问题：同样的情境，换一个前提，孩子不是因为玩电脑而顾不上吃饭，是因为思考一道数学题或读一本书而沉迷，不愿意过来吃饭，那么你会用哪一种方法呢？

我相信大多数人会因为换了情境细节而改选第一种。那么为什么孩子因为学习废寝忘食，就可以得到妈妈亲自送上热饭的关爱？因为玩电脑游戏，就受到不给吃饭的冷漠对待？

答案当然是显而易见的：学习功课和玩电脑是两件相反的事，分别代表有价值和无价值，受到的待遇自然不同——这样一种判断非常有代表性，很多人都是这样认为的。但这样想正确吗？这就说到了问题的关键——

我们应该如何看待玩耍？

一直以来，人们总是有意无意地蔑视童年的价值，认为童年只是成人的准备阶段，当下的生活要服务于未来。所以很多人对于儿童玩耍很不在意，经常随意阻拦，在他们心目中，"玩耍"只是儿童的一种年龄属性，没有价值属性，玩不玩、玩什么都是一样的。甚至有人认为学习和玩耍根本就是冲突的，犹如减肥和吃美食相冲突一样。我亲耳听到一位家长对六岁的孩子说："要上学了，以后不能再买玩具了。"

事实是，玩耍对于一个人的成长和成才非常重要。现代心理学和教育学研究早已证实，玩耍是儿童最重要的学习途径之一，儿童是在玩耍中认识世界、发展智力、体验常识的。剥夺玩耍，不仅是剥夺儿童的童年快乐，更是在剥夺他们有效的学习方式。

天下所有的儿童都需要玩耍，就像所有的孩子都需要母爱一样。

美国教育家杜威这样定义娱乐休闲的功能："艺术创作和欣赏的能力、娱乐的能力、有意义地利用闲暇的能力，都是公民效率的重要成分，比其他能力训练累加在一起更加重要。"他对人们蔑视玩耍的行为提出批评：把休闲玩耍的需求看成是需要加以抑制的，这是绝对错误的，会造成恶果。如果教育不能提供健康的休闲活动，那么被抑制的本能就要寻找各种不正当的出路。所以在教育中，为学生提供休闲的享受是一项非常严肃的责任。这不仅是为了学生眼前的健康，更是为了对他们的习惯形成永久性的影响。

"没有玩耍就没有成长"这样一种论断，是几千年来人类社会经验的总结，是被无数的实践反复验证过的真理性的结论，所以成为教育学的核心理念。这一观念在中国得到确认和推广却是近些年的事。当然这并非意味着中国人一直以来不重视娱乐休闲，恰恰相反，中国人是非常会玩耍的一个民族，不论贫穷还是富有，代代儿童并不缺少玩耍，也不缺少玩伴，哪怕是从小需要干活的苦孩子，在劳动之余也要找小伙伴捉个迷藏。只是我们一直没有在理论上对玩耍的重要性形成认识，没有用文字把它提炼出来。相反，人们熟稔的是"少壮不努力，老大徒伤悲"，以至于很多人把玩耍和成才对立起来。

尤其在当下，孩子们的玩耍和功课严重对立，人们只看到孩子在被迫学习中所取得的一点成绩，却看不到放弃必要的玩耍所遗留的长久的隐患。

一个孩子在书桌前度过时间的长短并不能决定其成绩高低，因为学业是件需要智力和情绪双轨并行来发展的事。成绩和孩子的情绪、情感完全成正相关。如果孩子玩耍不足，其情绪和智力都会处于糟糕的状态，他的成绩也不会好。

认识不到一种东西的重要，就不会对它给出足够的关注和礼遇。以前，很多家长不理解阅读的重要性，把看课外书称作"看闲书"，很鄙视。有的家长会粗暴地把孩子从外面借回来的小说烧了。经过很多年很多人的努力，阅读的重要性才慢慢被公众认可。当下，如果孩子因为读一本好书而沉迷，应该不会再有家长采取处罚行为。但"玩游戏"却还处于被污名、被鄙视的尴尬境地中。

很多家长会说，我承认玩耍很重要，也愿意孩子有足够的玩耍时间，只是不希望他玩电游。如果他玩别的，比如打篮球、下棋，我就会持有第一种选择。有这样想法的家长应该也不少，其话语的潜台词其实已给电游定性：电游不是健康游戏。这就说到另一个关键问题——

我们应该如何看待电游？

历史上可能没有哪一种游戏像电脑游戏那样被妖魔化、污名化。"网瘾"这个概念的出现就是这种贬低性被合理化的一个现象。

在我们的话语里，"瘾"总是和不健康的嗜好以及有害、病态的后果联系着，凡可能导致成瘾的东西，都应该是被戒绝的或应该被严格控制的。所以世上有烟瘾、酒瘾、毒瘾，没有"学习瘾""发明瘾""工作瘾"。既然当下有"网瘾"之说，可见人们已为其定性为坏东西，即便没有海洛因那么恐怖，至少像烟酒一样是有可能荼毒少年儿童的东西，所以很多家长对它怀有憎恶和提防之心。

我认识一位妈妈，她其实完全不了解电游，对电脑也很陌生，她儿子上中学时，她就因为电脑跟孩子发生很多次冲突，即使她儿子已读到了硕士，每个假期孩子回家，都会因为电游的问题闹得母子间不快。这位妈妈对电游到了深恶痛绝的地步，宁可儿子看一晚上电视，也不愿他玩一晚上电游，她是真把电游当毒品了。

事实是生活在当代，想禁绝孩子玩电游几乎不可能。虽然现在大部分家长不会做得像上面这位家长这么极端，尤其年轻一代家长，因为他们很多人自身就是电游爱好者，能对电游给出适当理解，允许孩子适度玩。不过，人们还是忧心忡忡，心存顾虑。电游可变成"网瘾"的想法已深入人心，很多成年人即便自己发自内心喜欢游戏，也会一边玩着一边内疚着，所以他们面对孩子玩电游的态度，是忐忑不安的，就像一个酒鬼看着自己的孩子开始学喝酒一样，心情复杂，充满忧虑。

有一次我在地铁上看到一对母子，听他们上车后的对话是从始发站要坐到终点站，和我的行程一样。小男孩八九岁的样子，上车后跟妈妈要手机玩，妈妈不给，小男孩在座位上扭来扭去的，坐不住，再次跟妈妈要手机，妈妈有些不快地和孩子讲条件，说只允许玩十五分钟，小男孩答应了，妈妈才把手机掏出来。十五分钟很快过去，行程还不到一半，妈妈要把手机收回来，孩子乞求再玩五分钟，说话间眼睛和手不曾离开手机片刻。妈妈不愉快地警告孩子五分钟后必须停止玩耍，然后看着表。五分钟后，妈妈像个秉公执法的城管一样，毫不留情地从孩子手中拿过手机，装进包里。孩子一脸无奈，又在座位上扭来扭去，无聊至极，然后一腔情绪地抱怨车走得太慢，抱怨车厢太热，等等。孩子玩手机时眼神中的专注与单纯，和手机被要走后眼中的怨恨与散乱对比十分鲜明，妈妈则像控制住一个酒鬼的贪杯一样，颇有成就感的样子。

当人们对电游还怀有如此偏见时，看到测试题中的第一种做法，自然会认为这是没有原则的溺爱，如同孩子学吸烟给他递上火、想吸毒送上钱一样，是对坏行为的奖励，后果是让孩子陷入网瘾，变得堕落。

其实，电游就是个游戏，它和烟酒没有可比性，和毒品更相距十万八千里。究其本质，和打篮球、下棋、捉迷藏没什么区别，所不同的只是它作为一种玩具，更复杂，更有趣，更有吸引力。一个三岁的孩子可以很快掌握电脑的一般操作，如果玩到六岁，他多半就是个高手，可以超越家长的水平。而且在玩耍过程中，孩子的智力也会得到比较全面的发展。为了战胜对手，玩家经常需要面对错综复杂的情况，进行各种分析和判断，在一个模拟的世界中真实地参与了不一般的社会生活——这不就接近教育家杜威倡导的"做中学"吗？

我曾听台湾一位研究脑神经科学的教授讲到一件事，二十世纪九十年代，台湾军方飞行员在新飞机试飞中频频出事故，事故调查中发现，飞行员注意范围狭窄、空间感觉能力差、应急处理能力不强是事故的主要原因。教授所在的研究所被委托进行相关研究，协助军方遴选适合的飞行员。研究所人员运用脑神经及心理测试手段，经过对许多候选人的多方面测试，最后帮助军方挑选出几位合适的飞行员，事实证明他们的挑选是非常成功的。教授说事后他们对这些挑选出来的飞行员的资料进行研究，发现他们几乎都有一个爱好，玩电游，是电游高手。

而且电游符合现代社会生活方式，不需要场地，不需要打电话约人，不需要换衣服，随时随地可以和各种认识或不认识的人一起玩，既是一种社交途径，也可以独自玩。目前来看，确实没有哪一种玩具有这样的优势。

至于说有些电游中有暴力、色情，这些不是电游的本质；就像色情和暴力不是图书的本质一样。不让孩子读坏书和避免孩子玩坏游戏一样，必须要在允许阅读和允许游戏的前提下去解决，而不是取消阅读、取消游戏。除了呼吁有关部门加强游戏审查，同时要想办法引导孩子，帮他选择健康游戏，比如向孩子推荐一些好玩的游戏，或和孩子一起玩，在玩的过程中加强正面价值观引导等。儿童天然地对邪恶的东西有抗拒和抵触，如果他心理是健康的、阳光的，他是不会轻易受到坏东西诱惑的。

玩电游当然有一些缺点，比如长时间坐着不动，孩子会缺少运动，眼睛也会疲劳。这些问题和阅读带来的问题大体相同，需要家长想办法帮孩子去解决。比如发展孩子的运动爱好及其他兴趣等。

世上应该不存在只有益处而毫无弊端的游戏，好与坏是相对而言的，所有的相关讨论都是在概率的范畴里进行。如何判断一种游戏的优劣，我认为有三点核心判断：第一，孩子的参与程度高不高；第二，孩子投入的主动判断多不多；第三，是否伴有愉快的情绪体验。这三条可以套用在一切游戏中。比如，电脑和电视都是通过屏幕来提供娱乐，但电视没有互动性，看电视不需要参与，不需要判断，人在电视机前待的时间越长，大脑越懈怠，所以它对儿童的智力发育不但无益，反而有害。

现实生活中我们确实观察到一些孩子会玩电游过度，分析这种情况，我认为板子不应该打到电游上，而应该追究到家长不妥当的管理上，以及整个社会对待"电脑游戏"的错误态度上。

一方面是成人对电游有太多的偏见，这对儿童反而形成负面刺激；另一方面，儿童玩耍的目的本来只是娱乐，没有目的。可现在，除了电脑游戏，几乎所有的儿童娱乐项目都成为培训内容：游泳班、唱歌班、绘画班、羽毛球班……当下，如果一伙孩子有机会在一起开展某项活动，多半是参加比赛去了——没有玩耍，只有课程；没有娱乐，只有名次——当所有的玩耍被功利地利用，变成一项项任务时，电游成为"纯玩耍"的最后一块净土，其魅力自然也就独一无二。

成年人高高在上地指责孩子沉迷于电脑，有多少人反思过，到底我们为孩子提供了怎样一种生存和成长的条件？

新一代人被带到这个世界上，他们其实非常被动，世界要给他一些什么，是由不得他自己选择的。当下的孩子们，他们像人类发展史上任何一代新人那样，张开双手接受世界为他准备的种种时，生命中必然的经历和喜乐却成为错误和问题，甚至是疾病。事实上，真正令人纠结的不是孩子出了什么问题，而是他们的行为不符合成年人的有用原则和功利原则。设想现在电脑还没有被发明，孩子们最喜欢的是打球或唱歌，打球和唱歌也将被妖魔化。

我确实亲眼见过这样一位妈妈，她正在读高中的孩子对电游不感兴趣，酷爱打篮球，每天都想到球场打一会儿。她希望孩子把更多的时间用于学习上，给孩子规定每次只能出去玩半个小时。但孩子经常一进球场就忘了时间，每次超时都要被妈妈说一顿。有几次这位妈妈甚至追到球场上，不顾孩子的面子，强行把孩子带回家，母子俩为打球的事发生过很多次冲突。这位妈妈到后来一说起篮球，就恨得咬牙切齿，听她的口气，宛如她儿子正在吸食一种叫"篮球"的毒品。

2010 年 3 月，各媒体纷纷报道，卫生部正在进行调研，确定"网瘾"的诊断标准，拟将网瘾改称为"病理性上网"，一旦诊断标准确立，"病理性上网"就是一种病。2011 年又在报纸上看到已有医院开设"网瘾基因检测"项目，价格不菲——现在，事关儿童的事，只要打着"医学"的幌子，不怕没市场。可是，还有比这更荒唐的事吗？

所有的"戒网瘾医院""戒网瘾学校"或相关的"训练营"都是伪概念之下的骗人机构，是一种邪恶的时代产物。这样评价它们一点也不过分，无论它获得了怎样的许可证书，披上什么科学马甲，罩上什么荣誉光环，本质都是愚蠢和邪恶的，因为他们只能做两件事——赚钱和伤害儿童。

前面关于玩耍及电游正面价值和功能的阐释，可能会缓解很多人对电游的顾虑，改变一些家长对电游的态度，但不少人仍然会有这样的担心：现在功课压力很大，孩子玩得过度了，耽误了学习怎么办？到底该如何把控管制和放手的度呢？

这就说到第三个相关的关键问题——

在学业和玩耍间孩子做到"大概齐"就已经很好

这个问题，我想先以我女儿圆圆为例说一下。

很多人以为圆圆是标准三好生，做事从来都是令家长或老师满意的。这其实是误解，圆圆是个普通的孩子，也有各种不足和毛病。就拿玩电游来说，她从大约十岁就开始玩。刚玩的时候，可以一口气在电脑前坐七个小时，顾不上吃饭。把饭碗送到电脑前，正是当时我的做法。

她大学读工科专业，功课压力很大，课余还要参加乐队排练、看电影、看小说、买时装、谈恋爱等，再加上玩电游，时间上经常捉襟见肘，忙得不可开交。现在她已在美国一所常春藤盟校读硕士，还见缝插针地玩。我在国内偶尔通过 QQ 发现她当地时间后半夜还没睡，问她在干什么，她给我一个尴尬表情及文字：这两天不小心玩多了，今天得熬通宵写作业，明天上午就要汇报呢。我往往会送她一颗猪头和一个龇牙笑的表情，然后赶快走开，不再打扰她。

我当然希望她时间安排得合理，学习、生活、娱乐几不误，一切井井有条。但我知道完美的安排很难实现，因为我自己即使人到中年，也始终没学会把一切都安排得合理。比如我从小喜欢晚睡晚起，近几年虽然从各种养生信息中接受了人要早睡早起的观点，却做不到，总是到要睡觉了，才发现已睡得太晚。既然自己都做不到事事安排合理，那我也不要这样去要求女儿，大家都活得随性点吧。而且，有太多的研究表明，人的身体健康和情绪息息相关，如果我为了完成"早睡早起"等合理目标而经常跟自己闹别扭，或跟圆圆闹别扭，那样是否更伤害我们的健康？我相信愉快的心情是最好的养生，所以基本上能坦然地和自己及家人的各种缺点和谐相处——这份坦然可能让我们在一些小事情上表现不完美，但它并没有降低我们的人生质量和幸福感。

圆圆读本科时有一个室友，自控力十分好，每天作息时间严格，生活规律，大二就参加 GRE 考试，取得了 1400 多分的优异成绩（满分1600），是楷模式的孩子。但一个宿舍六个女孩，自我管理上做得完美的也只有这一个孩子。但六个女孩各有各的精彩，都很出色。总体看来，即使在学业上，她们也并没有明显的差异。

在玩耍和学业兼顾的问题上，如果家长在心中已预设了一个完美目标，即孩子从一开始玩游戏，就能天天把时间安排得井井有条，该玩的时候玩，该学习的时候学习，或者最多花一年半载的时间，就学会合理安排时间——这样的目标之下，你十有八九会失望，绝大多数孩子可能永远没有这一天。

孩子能做到"大概齐"就已经很好。允许平时安排得不理想，甚至哪几天或哪段时间特别不理想，只要总体上能兼顾好玩耍和学业即可——这个简单的目标能否正常实现，完全取决于父母的态度，只要家长态度得当，孩子基本上都可以实现良好的自治。

而所谓"态度得当"，做到了也并非难事，即第四个要点——

不管是最好的管。

"不管是最好的管"这个理念是我在第一本书《好妈妈胜过好老师》中首次提出的，它可以套用到对孩子学习、游戏等一系列管理中。"不管"，不是不负责任地放任自流，不是对孩子漠不关心，而是无为而治。虽然表面上看起来不作为，却是最有效、最长远、最有力的一种方法，可谓是教育的一种最高境界。

这一境界的心理学基础是：人的天性是向上向善的，在正常的环境中，每个人在善恶表达上，一定是优先表达善的一面。只有在变态的环境中，恶才会被刺激出来。这都是人类基因自我保存和延续的一种本能反应。所以家长不必担心自己不管孩子，孩子就会一路下滑，一直滑到"网瘾"中——有这样担心的家长，主要是对这一心理学基础有相反的理解，认为人的天性是向恶的，当孩子出现一点不好的苗头时，如果不去管住他，他会越来越差劲。

人性向恶的理解本身就是错误的，所以在这种理解基础上的一切教育行为都会带有负面暗示，结果往往是越管越不如意——这就是严格的父母往往教育不出如意孩子的深层原因。也是在涉及电游时，父母管得越多、越担心，孩子越沉迷的缘故。

在正常生态环境中，未成年人都有自我调适的动机和力量，而且年龄越小，调适能力越强。**也许他们会不时地玩得过了头，也许他们短时期内在学业上不尽如人意，只要家长信任孩子，为孩子营造一个友好善意的家庭气氛，让孩子无任何负罪感地去玩，孩子有能力慢慢协调好游戏和学业的关系。**

我女儿圆圆在初一初二狂玩游戏时，一度也影响了学业，我从未因此训过她。在中考和高考前一年，她都自觉地把游戏盘打包到纸箱中，完全投入学习中。

并非只有圆圆能做到这一点，父母亲如果完全信任孩子，从不用负面眼光看孩子，几乎所有的孩子都可以做到这一点。如果孩子能从小尽情地玩耍而从不因此被训斥和鄙视，那么他将来对工作和学习的认真和热情也会像对待玩耍一样，投入并富于激情。这一点，从很多身心健康的成功者身上都可以观察到。

来自成人的外部控制，特别容易打扰这种自我调适，导致其心理秩序紊乱，自我管理能力下降。**所谓"网瘾"，往往是儿童自我管理功能和选择功能受到破坏的一个后果。深究一下这些孩子的家庭生活，几乎都可以看到家长的错误管制及游戏之外的问题。**

教育和其他事情的最大区别是，要实现长远大目标，必须经常以牺牲当下小目标为代价。处处管制孩子，让他必须以成人的意愿来生活，这种强制性的做法当然有可能取得一些眼前效果，但隐含着更久远的问题。

我听某著名大学一名学生跟我讲，他班里有一位男同学，高考成绩非常高，人也很聪明，但入学第一年就出现挂科现象，整天疯玩电游。到二年级开始不去上课，老师做工作也没用，他父亲到校陪读四个月，当爹的每天晚上就在宿舍把三张椅子拼起来睡觉，极为辛苦，亦不能从根本上改善儿子的状态。男同学留过一级后，仍然不能完成学业，学校只能对其进行劝退。这个男同学曾对宿舍同学讲，他现在其实并不喜欢电游，上中学时是真喜欢玩，但父母一直对他管得太严了，尤其高中几年，请来的家教老师占满了他所有的课余时间，几乎没摸一下电脑，也没有任何其他娱乐，他现在只想把所有失去的玩耍补回来。

分析这个男孩子的情况，"补回来"只是他自己所能归纳的原因。真正让他无法完成学业的，一方面是长期以来不能释放的玩耍需求积压在内心所形成的巨大反弹力；另一方面是父母的控制太强有力，他没机会练习自我调整和自我控制，所以这方面能力也就丧失了。他在电游上的放纵，其实是一种力不从心，是自我无力感的表现。

相比"控制"，纵容是更理想的家庭成员相处模式。爱的最高境界是"不打扰"，它比不停地给予更让人幸福。这一点对儿童教育、婚姻维护都是适用的。想长久维持的东西，必须给出足够的空间。尤其对孩子，**在道德和安全的底线之上，几乎可以允许他们去做一切愿意做的事情。这样不会惯坏孩子，生命受到的阻碍越少，成长越健康。**孩子的好与差，不在于管或不管，而在于环境变态不变态。不正确的管制，本身就是变态的一种，比不管要糟糕得多。

我知道有些家长在和孩子纠结一段时间后，感觉无能为力了，就满脸失望地说"不管"了。这是对"不管"的误解。不管和放弃关爱一点关系都没有，所谓"不管"是不动声色、没有斧痕地管，即在不跟孩子形成对抗和冲突的基础上，想办法发展孩子的正面潜能。比如建立良好的亲子信任关系，培养孩子爱阅读的兴趣，经常带孩子出去旅游，帮助孩子建立同伴交往圈子，给孩子做出好的榜样等等。一个身心健康且身边有好榜样的孩子，不会被任何东西控制而陷入人生的泥淖。

我的亲戚朋友们看到我女儿圆圆学习成绩一直不错，玩耍一点不比别人少，生活能力也不差，惊奇她怎么可以做到什么都不误。天赋禀性当然是重要的决定因素，但还有一个重要的因素是，圆圆的**能量从不需要消耗在和家长的斗争中，不需要浪费在过度的自我纠结中，而是全部用于自我成长上**。

并非她成长过程中我没有一点焦虑和纠结，但我把心思用于自我约束和自我学习上，尽量不给她添乱。

回到本文最初的测试题上，显然，第一种选择符合教育之道。这就说到最后一个问题——

家长需要升级自己的意识系统。

活在信息时代的父母，如果头脑还处于工业时代的简单粗糙，就必须升级了。

把饭倒进垃圾桶，这个动作于家长来说真是痛快，但想象一下这个行为有多么野蛮粗俗吧。如果有谁认为"野蛮粗俗"的评价过分，那么把自己置换到孩子的角色上体会一下，看看自己体会到的是什么。

我知道很多人一旦置换角色，就会吃惊地发现这确实不是好方法。那么请勇敢地剖析一下，为什么你最初看到选择题时，会选择第二种做法？答案只有一个：因为他是孩子，而且是"我的孩子"——即在你的潜意识中，你一直不曾和孩子真正平等过，你是把自己置于一个操纵者和领导者的位置上了，你和孩子的亲子关系是支配与被支配的关系。这样一种不平等的关系给家长带来的往往是满足，尤其看到孩子服从的时候；但它给孩子带来的，则是委屈感，是心头积累的恨意。

教育手段如果不包含有善意和悲悯情怀，又怎么能指望孩子学会爱和同情呢？冷酷的手段确实能立竿见影地让孩子变乖，但冷酷本身也一定会给孩子留下深刻印象。儿童是从榜样那里学会如何对待他人的，如果有朝一日他表现出对其他人、对父母或对自己冷酷，请你不要吃惊，也不要委屈。

我看到留言中还有家长认为应该强行直接关机，该吃饭就吃饭，没什么商量的余地。这种方法属于直接控制，行为十分简单，但也十分粗暴。提出这种建议的家长，如果你真的经常这样做，后果可能会很严重，孩子发生"网瘾"、成绩不佳、逆反心理严重或消沉等一系列负面行为的概率将会非常高，你眼下简单、高效的处理行为换来的，很可能是越来越令你感觉棘手的孩子的行为问题，在此特意提醒。还有的说家长要和孩子一起饿，也不吃饭，直到孩子下线。这是一种通过自残来给孩子施加压力的行为，亦不可取。

现在动不动发生青少年自杀的事件，人们总是喜欢将其归咎于"生命教育缺失"——这种大而无当的陈词滥调不但于事无补，而且欲盖弥彰。如果一个孩子和父母亲关系良好，想到父母时内心是温暖的而不是冰冷的，他绝不会自杀。

2012 年 12 月 14 日，美国康涅狄格小学发生校园枪击惨案，造成二十八人死亡，凶手是一名二十岁的年轻人，他先在家中杀死母亲，然后到母亲曾服务过的小学行凶。人们又开始一窝蜂地把矛头对准枪支问题。可以想象，假设这事发生在中国，人们又会一窝蜂地把板子打到"教育体制"或"学校道德教育缺失"上。

我在这里无意去探讨美国的枪支管制问题或中国的教育体制问题，想说的是，个人拥有枪支可能确实是问题，但事实上厨房的菜刀也可以杀人，工具是中性的，关键在于握在谁的手中。那些既没有美国枪支又没有中国教育体制的国家，他们的少年犯和小混混又是什么造成的呢？遇到这些问题，可不可以不要搞得那样形而上？可不可以具体地从教育的角度追问一下，如此残酷的年轻人，他到底遭遇了怎样的家庭生活？

他的父母到底是如何跟他相处的？有媒体报道说这个枪手有自闭症，这可能会引起自闭症传播者的不安，因为这会毁坏这个群体的形象。但看过报道后，拼凑一下媒体漫不经心提到的一些有关他的家庭生活的信息和细节，不难看出问题的真正根源。比如，他的妈妈对两个儿子，尤其是小儿子亚当（即凶手），执行严苛教育，不高兴时，会用枪指着这个男孩的头……请想象一下母亲这些态度和行为带给儿子的感觉吧。枪击案发生后，枪手哥哥的第一反应是，他妈妈肯定被打死了，这个判断绝不是空穴来风。

如果一个孩子和父母的关系融洽，他就不会变坏，也不会去自杀。因为父母一方面是孩子最好的心理依靠，另一方面父母对孩子的态度又深刻地影响着孩子对世界的态度。父母是孩子的整个世界，如果孩子对父母失望了，他就对整个世界失望了。

我们受一句话的误导太深：没有规矩，不成方圆。话语本身没有错，问题是如何理解"规矩"和"方圆"，尤其在儿童教育中。事实是太多的人错把"规矩"理解为琐碎的管制，把"方圆"理解为服从，这种浅薄的理解只能产生一些浅薄的教条，不知让多少人踏入误区。中国传统文化虽然也讲究严格家教，但这严格多半是基于家长的以身作则，即便有时候打孩子，爱和温情仍然是主导气氛。所以，孝敬父母、赡养老人、大家庭模式是我们的传统。美国现在通过立法不打孩子，那种美国式的你是你我是我的冷漠的家庭相处方式确实很独特，但有多少美国老人有儿有女，却在孤独中死去。现在，美式做法是很多中国家长有意无意奉行的，种瓜得瓜种豆得豆，多年以后，你希望你的孩子如何对待你呢？

即使抛弃一切教育、社会等各方面的分析，单是作为父母，看到孩子玩得高兴，为了让他玩耍吃饭两不误，把饭碗端给他，这难道不是一种正常的本能吗？妈妈和爸爸应该是孩子想到了就觉得最温暖、最可靠、最能放松的人，而不应该是严厉的执法者和令人压抑的君主。给孩子送一碗饭和溺爱没有一点关系，因为爱和溺爱根本不是一回事。溺爱往往是包办，本质是成年人爱自己；爱则是理解和接纳，本质是爱孩子。只要是正常的爱，给多少都不会让孩子变坏，得到爱越多的孩子，成长得越健康。冷酷从来不是教育，它是教育的反义词，冷酷教育只能制造冷酷。一碗饭是送到孩子手上还是倒进垃圾桶，这看起来如此小的一件事，对孩子的影响却会深刻而久远——回到开始的测试题上来，选一还是选二，这是个极小的生活细节，却是一块教育试金石。

如何让孩子玩电脑游戏 "不上瘾"？

　　使人"成瘾"的不是网络游戏本身，游戏上瘾反映的是游戏之外孩子的心理问题。一个孩子如果长期钻在游戏里不肯出来，以至于成为一种病态，那是因为真实世界让他感到枯燥、自卑或压力太大。倘若一个人会因为电脑游戏耽误了前途，那他即使生活在没有电脑的时代，也会有别的事情把他拉下水，使他不可自拔。

　　圆圆十岁上初一时开始玩电脑游戏，经常玩到废寝忘食的地步，每到周末，总是一玩就四五个小时，到寒暑假，能一口气玩七八个小时。那两年，她买的杂志基本上都是电脑游戏方面的，和同学朋友们电话聊天，也大多是关于电脑游戏的内容。

　　她玩电脑游戏是在我的怂恿下开始的。

　　圆圆在烟台上小学时，那时电脑并不普及，同学们都还没开始玩。2001 年到北京上中学后，电脑游戏开始在中小学生中流行。她一方面从同学那里知道电脑游戏很有趣，另一方面又从媒体、其他家长、学校那里听到太多的对电脑游戏的批评。她可能有所顾虑，有矛盾，就一直没主动提出要玩。

到初一第二学期，我问她是不是班里有同学在玩电脑游戏，告诉她想玩也可以玩。她有些意外，但马上就非常快乐地接受了，立即就出去买了游戏盘回来，当时网络游戏还不够发达，很多孩子玩的是单机游戏。

之所以主动建议圆圆玩，我想，每个时代的孩子都有独属于他那个时代的游戏。既然电脑游戏能让当下的孩子们那么着迷上瘾，其中一定包含着巨大的乐趣。孩子总应该玩点什么。我要让我的孩子快乐，在她的每个成长阶段获得那个阶段应有的快乐。尤其现在的孩子缺少玩伴，在玩耍方面太单调贫乏，如果没有一件有趣的事让他去做，那他多半是要在电视机前消磨时间了。

我宁可让圆圆在游戏中浪费时间，也不愿她经常待在电视机前。适合她看的电视节目太少，电视又完全是被动接受，经常看会使人大脑迟钝；游戏却是主动参与，玩的过程中有自己的智力投入。再一个考虑是，她的同龄人如果都在玩，她不玩的话，就会缺少一个重要的交流话题。

至于她会不会上瘾，我当时也是有一些担心的，但不想因噎废食。但更主要的是我对孩子有信心，这种信心来源于我对游戏的理解和对人的天性的了解。

电脑游戏也就是个游戏，并不是毒品，我相信它和我们小时候玩的游戏并没什么本质区别。要说区别，可能只是这个游戏更丰富更有趣。

我们小时候一伙儿孩子玩打仗或捉迷藏，经常玩得忘了回家吃饭，忘了睡觉，直到父母找来，强行把我们拉回去。当时我们也总是不愿意散去，甚至得挨顿揍才肯回去。而现在是信息时代，孩子在电脑上和虚拟对象玩耍，他们也会常常玩得忘记了时间，总觉得没玩够。这两种"玩耍"没什么本质区别。儿童对哪一种游戏不"上瘾"呢？正因为是儿童，才会全身心地投入玩耍中，不会顾虑这个那个的，这是人的天性。而人终究是要社会化的，心理正常的人，没有人会让玩耍耽误自己的人生。

圆圆开始玩游戏后，也像别的孩子一样，非常痴迷。课外书几乎没时间读，到了练二胡的时间也不想下机，只好拖着，叫她吃饭，也经常顾不上，生活节奏全被游戏打乱了。

说实话，开始时我也不是一点不着急，也批评过圆圆，她不爱听，我就很快停止批评，只是心平气和地提醒她，应该安排好时间，把该做的事做了再玩。再往后，我发现连这提醒都是多余的，提醒也是一种强化——负强化，于是完全闭嘴。

我能观察到孩子为没能安排好时间而有愧疚之情——这其实就是一个孩子自我调整的开始。

因为圆圆平时住校，只是周末回家练两天二胡。平时她是写完作业就去练二胡，但现在变成写完作业就玩游戏，玩得忘乎所以，要睡觉了，才发现忘了练二胡，她就说第二天要多练一会儿。第二天照样，不得不关机时才想起来二胡又忘了练了，那就只好等下周练吧。第二周，她果然记着练了，但时间很短，草率应付那种。结果到老师家上课，拉得很糟。老师虽然没说什么，但从老师家出来，我能看出圆圆有些沮丧，她自己说："看来得好好练呢。"我附和她的话说，嗯，就是，看来二胡真是一周不练都不行。

我说到这里就足够，如果在这时再去唠叨她，批评她，要她下保证，反而破坏了她的自我调整。

接下来，为了保证游戏时间，她更注意做事的效率。当然也有反复，偶尔一两天会安排得很糟，但总体来说，时间协调得越来越好。

我并不期望到了哪一天圆圆就从此把时间安排得完美，事实上永远也不可能有完美的安排，我只要信任她懂得为自己负责就行了。

有时她玩得顾不上吃饭，我和她爸爸早已吃完，饭桌也收拾了。我们没有一点点情绪，只是简单地告诉她剩饭在厨房，什么时候想吃自己用微波炉热一下。

我丝毫不鄙视她玩游戏，让她越来越玩得心安理得。同时，作为一个电脑游戏盲，不但经常问她一些关于游戏的事，真诚地分享她玩耍的快乐，过圣诞节还送她新的游戏盘。

因为玩电脑游戏，圆圆的学习成绩也受到了影响，明显不如前面。但她只是个初中生，又不是马上要高考，现在的成绩高一些低一些没什么了不得。只要不让游戏和学习冲突，游戏就不会站到学习的对立面，那么她的学习胃口就不会被破坏。只要学习胃口没被破坏，成绩最终就不会受到影响。

圆圆一年多玩下来，对游戏兴趣依旧，但逐渐学会了自我管理，把该做的事都做了，而且效率高了——我认为，这是她游戏中更高级的收获，比不玩游戏而单单考出好成绩还重要。

对电脑游戏有浓厚的兴趣和病态的"成瘾"，这是两种不同的状态。我相信绝大多数孩子只是前者，很多事业及学业上有建树的年轻人也喜欢玩电脑游戏，比如享誉国际的篮球明星姚明。只有少数的孩子会发展到所谓的"成瘾"状态，而这少数孩子也不是天生带瘾头，是家长对游戏的错误认知及对孩子玩游戏的粗暴干涉所致。

使人"成瘾"的不是网络游戏本身，游戏上瘾反映的是游戏之外孩子的心理问题。一个孩子如果长期钻在游戏里不肯出来，以至于成为一种病态，那是因为真实世界让他感到枯燥、自卑或压力太大。倘若一个人会因为电脑游戏耽误了前途，那他即使生活在没有电脑的时代，也会有别的事情把他拉下水，使他不可自拔。

事实上，电脑游戏已成为当代儿童生活中不可缺少的部分。无论家长喜不喜欢，他们最终都是要玩的。所以，在要不要让孩子玩电脑游戏的问题上，家长已没有了选项，大势所趋，挡是挡不住的。

如何让孩子既能玩游戏又懂得自我管理，合理分配时间，做到娱乐、学业两不耽误？秘诀非常简单：放下担心，相信孩子，一切交给孩子自己来处理，绝不干涉。

这个简单到没有任何操作技巧、无须动用任何力量的"秘诀"有其内在的心理学和教育学基础，它几乎在所有孩子身上都可以得到验证。圆圆只是例证之一。

圆圆初中时一直玩单机游戏，没玩网络游戏。上初三后，学习一下紧张起来。她在初三的某一天，把所有游戏盘都装到一个纸箱子里，说在中考前不再玩了。尽管这一举动是我希望的，但我没流露出特别高兴，也没夸奖她，只是表示赞同，帮她一起高高兴兴地用胶带把箱子封好，收藏起来。

中考结束后，她本来计划要做好多事，比如读小说、练字、练琴等。但游戏箱子再度被打开后，她几乎把所有的时间都投入游戏上，结果原定计划基本没实现。

尽管以我当时的认识，看她这样"浪费"时间有些遗憾，也没说什么。我想中考给了孩子很大的压力，接下来又是更加紧张的高中生活，所以这个假期就让她尽情地玩吧，我为什么非得要求我的孩子在假期也要学习呢？

到假期结束时，我和她谈了一次话，回顾了一下假期初期的计划，问她是不是感觉玩游戏太浪费时间了，会把一个人的计划完全破坏。我又和她分析，时间就那么多，做了这事就不能做那事。而接下来的高中三年是人生中最关键的三年，好钢要用在刀刃上，所以我们应该使用好这三年，这其实也是为了将来有更好的条件去玩。现在看来，这个谈话也许是多余的，因为圆圆自己其实已意识到了这些问题，即使我什么也不说，她也会自己去考虑这件事。

一个假期下来，圆圆发现没按计划做事，也表现出失落，再说游戏瘾也解了不少，她当时表现出能理解我的话，完全没有抵触情绪，说上高中后肯定学习特别忙，就要少玩。

她确实说到做到，高一期间又玩了几次，我和她爸爸什么也没说，任她自由安排时间。高中学习那么紧张，孩子用游戏放松一下也是好事。到高二时，她又把所有的游戏盘装进箱子里，说高考完了再玩吧。此后两年再没玩一下游戏。

等到高考结束了，她大部分时间用来读书、看影碟、上网聊天、和同学出去玩。偶尔玩一下游戏，是和同学借来的新版游戏或网络游戏。那个纸箱再没打开，可能是那些游戏已经陈旧了或太小儿科了。到她上大学后，除了紧张的学习，还参加了两个学生社团，同时不停地读课外书，生活很丰富也很忙碌。当然也玩游戏，但对学业等并无太大影响。

她大学本科毕业前夕，一方面忙于毕业论文等事宜，另一方面备考托福、GRE、准备留学申请资料，忙得脚打后脑勺，游戏却基本上没断。我理解这是她缓解压力、放松的一种方式。似乎她到参加工作后还一直玩电脑游戏，显然，这有可能是她一生的爱好，但绝不是她上瘾的东西。

这个"秘诀"，恰因为它太简单了，反而成了很多家长最难接受、最难"操作"的方案。当我把这个"秘诀"对一些家长讲出来时，不少家长想都不肯想一下，马上会说：你的孩子自觉，该不玩的时候就不玩了。我那个孩子，你要真这样放开了，他会什么都不干，永远都不想停下来。

这种假设是不成立的。

这些家长的"放开"之所以没有效，第一个原因，是家长平时习惯在很多事情上去"管"孩子，单是玩游戏这一件事就不知道唠叨过多少次、发生过多少冲突。那么你哪天突然"放开"了，他当然就要玩疯了。好比丰盛的美食突然摆到一直饥饿的人面前，他能不吃到撑得慌吗？家长和孩子如果在很长时间内已形成管制与被管制的关系，孩子的自觉性必然差。而要恢复自觉性，关系必须重建，即家长在关系中必须把"监管"撤掉。当家长完全信任孩子时，孩子才能慢慢变得自觉，让人信任。

第二个原因是家长缺少耐心，指望自己一改变，孩子也能立地成佛，几天就变好。如果孩子在一段时间内不改变，家长就受不了了。坏毛病也是"病"，病来如山倒，病去如抽丝。用一天养成的坏毛病可能需要三天来改正，何况他几年间养成的习惯。哪个慢性病三天能治好呢？何况很多家长的"改变"并不真心，只是试探，心底深处充满怀疑。

不得不说，很多家长面对孩子时总是有"贪婪心"，总想用最少的自我改变马上换取孩子的巨大转变。就如陶行知先生比喻的那样，有的人开始接受一个观念，知道鸟儿在大自然中会成长得更好，就弄些花草树枝放到鸟笼子里，以为这就是给鸟提供了自然环境。为什么不打开笼门呢？

所以家长要治理孩子的某个"坏毛病"，首先要有诚意，要自己彻底改变，把笼门完全打开。一只被关闭太久的鸟儿，走出笼门都需要勇气，更需要时间去适应新生态。只要时间足够，不再遭受打击，自主飞翔是必然的。

下面两点也需要家长注意：

第一，不要把允许上网或增加上网时间作为对孩子的奖励。有一些家长，平时对孩子严加管束，不许孩子随便上网。一旦孩子考试成绩好或别的什么事做得好，家长一高兴，就以允许孩子上网或超时上网作为奖励——想想看，一方面痛恨网络游戏，另一方面又把上网作为"奖品"送给孩子。而能作为"奖品"的东西，它怎么会是个坏东西呢？——孩子们就这样被搞混乱了，他们对游戏的兴趣被刺激得更浓了。

第二，家长绝不可轻信任何"治疗网瘾"的宣传，绝不要把孩子送进任何机构去"戒断网瘾"。未成年人教育一直是市场的唐僧肉，很好吃。

这些年，以学校或训练营出现的民间戒除网瘾的机构如雨后春笋般出现。有的正规医院也开展了"治疗网瘾"的业务，让孩子们完全像病人一样住院，通过吃药打针来治疗。

通过吃药打针没收手机等这些办法来"治疗"，用脚后跟想想都应该知道多么不靠谱。那些民间"戒网瘾"机构则更加恶劣，打着帮助的名义残害青少年。

2007年前后媒体曝光某砖窑厂通过非法拘禁等恶劣手段奴役大批工人甚至有残疾的人为他们卖命生产，工人们过着暗无天日的生活，一时引起人们的愤慨，把这种砖窑称为"黑砖窑"，当事人被严惩。

可是这么多年来，"戒除网瘾"的"黑砖窑"却正大光明地存在着。所有这些机构，不论是以"学校"还是医院或是"训练营"的名义出现，都有正规资质，但他们所有的"教育方式"都是简单粗暴，对未成年人身心两方面进行毫无教育要素的侵害，打着教育名号行黑砖窑之实，典型的如杨永信的"电击疗法"。

杨是山东临沂第四人民医院医生，从2006年开始，在没有任何医学和心理学依据的情况下，想当然地宣称电击可以"治疗"青少年网瘾。他和他背后的机构建立了"十三号室"，采用强制限制人身自由的方式对收治的青少年施以电击酷刑。他们把导线插在少年的虎口或太阳穴，不断加大电量，让被电击的人痛不欲生，大小便失禁。他们还以电击为威慑工具，营造了一个互相揭发、株连、划等级、向杨永信表忠心的恶劣生态环境。被收治的孩子们整天活在恐惧、服从和怀疑中，身心俱损。网上可查到的信息显示，最终离开"十三号室"的孩子，有的人后来睡觉时枕头下藏着刀，有的人离家出走，和家人基本断绝联系，甚至彻底失踪。经历过那种痛苦的孩子用"地狱之行"来形容那段经历。

就是这样一种邪恶的、反人道的"治疗"，存在了十多年，门庭若市，残害青少年7000多人，却从未受到任何惩罚，反而受到各种嘉奖。2008

年，全国最知名的电视媒体专为杨永信及其"十三号室"制作了七集纪录片《战网魔》，对他进行正面包装宣传，杨以拯救者的形象出现，成为很多人心目中能战胜"网魔"的英雄。杨还被评为"2007 感动临沂年度人物"，并且享受国务院特殊津贴。

花钱收拾孩子是天下最容易的事，这比家长反思自己、改变自己容易得多，家长绝不承认"网瘾是失败的家庭教育的一种后果"这样一种事实，所以"十三号室"这种毒花自然不缺少生长土壤。据悉，杨永信的电击范围最后居然扩大到电同性恋、电早恋、电不听话……凡孩子不如意，都有可能被家长送到"十三号室"被施以电刑，其中甚至有未婚怀孕的女孩被电击流产的事件发生。直到 2016 年，一些当年被施以电击的受害人站出来说话，杨永信及其所谓"治疗"的真相才被曝光于天下，引起全社会的愤慨和关注，他的"十三号室"才关门。奇怪的是，据说"十三号室"被关闭时，很多家长情绪激动地阻拦，仿佛要关闭的是他们的救命通道。而杨永信没有受到任何处罚，几年后还荣升为副院长，并且有头有脸地活跃在学术会议或论坛等各种场合。

有人把"黑砖窑事件"上升到国家安全的高度，却很少有人意识到，戒网瘾机构的存在亦是国家安全事件。把青少年的正当需求当作疾病或罪行去对待，不但会严重伤害青少年的身心健康，更会扭曲他们的人格，制造出新的教育事端，埋下社会安全隐患。

要从根本上解决孩子的"网瘾"问题，只能从家庭教育开始。没有家长的改变，就不可能有孩子的改善。

在这里给为此事焦虑的家长们提出如下几条建议：

一是家长要对网络游戏有正确的态度，坦然接受它只是孩子的一个游戏，是一种娱乐方式。不要让孩子在玩的时候有内疚感和负罪感，不要让你的态度激起孩子的逆反情绪。

二是不要给孩子规定作息时间，特别是严格的游戏时间。玩多长时间一定要让孩子自己决定，要允许他安排得不好，不要批评，相信孩子自己能慢慢调整游戏和学习之间的时间分配。批评或强行控制，只能强化孩子玩的欲望。不要满足于表面上的"管住"——这非常简单，毕竟家长是成人，表面上可以轻易征服一个孩子。如果想要"教育"孩子，让他学会自我管理，获得自我成长，则必须首先把自我管理的机会留给孩子。

三是让孩子有丰富的课外阅读以及体育活动。不论是儿童还是成人，任何放纵都与内心空虚及道德堕落有关。网络游戏只有在精神空虚的孩子那里，才会变成鸦片。丰富的课外阅读会让孩子的精神世界丰富，让孩子更聪明更理性，形成更好的道德意识自觉意识。一个从小有阅读习惯的孩子，一般不会单独对电游有兴趣，也不会把所有业余时间都分配给电游。同理，一个热爱户外运动的孩子，也不会喜欢长时间把自己关在家里。

要注意的是，想让孩子多读课外书，多参加户外活动，切不可强行把孩子从电脑前拉开——这样做其实更破坏了他读书和运动的兴趣，强化了他对游戏的欲望。最好是家长以身作则，自己就喜欢阅读和运动，给孩子做个好榜样。

四是家长可以和孩子一起玩游戏。这样可以增进沟通，增加亲子互动性。有亲情互动的孩子不会对网络上瘾，因为他不需要逃到网络中找安慰。一起玩的好处是可以了解孩子接触的东西是什么，防范孩子玩一些充满暴力与色情的游戏。

第四章

学习不要"刻苦努力"

把"学习"这件事和一种令人不舒适的"苦"联系到一起，它会使孩子一想到学习，就有微微的不快。一个人不可能既讨厌一件事，又能把这件事做好。

4

CHAPTER

学习不要"刻苦努力"

一个人不可能既讨厌一件事，又能把这件事做好。

培养孩子在学习上用功勤奋是必需的，但用"刻苦"的言语和思路来要求孩子，则往往是在干一件南辕北辙的事。

这个题目下我要谈的恰恰是如何培养孩子用功学习。

一直以来，关于学习的一个最流行的概念就是"学习要刻苦"。许多家长从孩子小时候就向他灌输这样的观念，要求年龄尚小的孩子"刻苦"。不少家长从孩子上学前就唠叨说，上学后不能尽情玩了，要用功学习。孩子上学后更不断教导孩子在学习上要"刻苦努力"，并且在具体的学习活动中这样要求他，以期培养孩子良好的学习态度。

我认为培养孩子在学习上用功勤奋是必需的，但用"刻苦"的言语和思路来要求孩子，则往往是在干一件南辕北辙的事。

提到"刻苦"或"吃苦"这一类学习态度，我们习惯于欣赏它所表达的一种坚韧不拔的精神，却忽略了它里面包含的那个令人不快的"苦"的味道。作为成人，在面对一个问题的因果关系时，会为了结果忍受过程的痛苦。把这种经验推广到孩子身上，要求未成年人接受学习过程的苦，换取学习成绩的甜——这样的思路在逻辑上是无懈可击的，但它到了孩子那里，却很容易变成一种不良暗示。

把"学习"这件事和一种令人不舒适的"苦"的感觉联系到一起，它会使孩子一想到学习时，就有微微的不快。有谁会喜欢苦呢？一个人为了实现某个目标而"吃苦"，必须基于他有足够的理性和毅力。这种理性和毅力，连成年人都不是人人具有或事事付得出，用它来要求孩子，就更不合适了。

人的天性是避苦求乐，孩子更如此。感觉"甜"的东西他就喜欢，感觉"苦"的东西他就讨厌。

我们原本想要孩子喜欢学习，却把学习过程做成苦馍馍，只把结果设想成甜馅饼，要孩子天天吃着苦馍馍去想甜馅饼——过程天天具体而真实地陪伴着孩子，目标却遥远得虚无缥缈。当孩子对苦有所厌倦时，就被批评为"不刻苦"。孩子不具有反驳成人教导的能力，他只是感受到了这里面的不和谐，感受到了自己的无能为力，心底深处充满对学习这件"苦事"的讨厌。

一个人不可能既讨厌一件事，又能把这件事做好。

据说在"二战"期间，一名最好的瑞士钟表匠被胁迫去给纳粹制造一批高质量的钟表。尽管他费了相当大的力气，却始终做不到战争前的水平。他自己都不知道这是为什么。后来有心理学家分析，这是因为他制造钟表时的心境不一样。这就是情绪的力量。

美国教育家杜威认为，在教育中"目的和手段分离到什么程度，活动的意义就减少到什么程度，并使活动成为一种苦工，一个人只要有可能逃避就会逃避"。[1] 这解释了为什么家长越要求孩子用功学习，孩子越对

---

1 [美]杜威，《民主主义与教育》，王承绪译，人民教育出版社，2001年5月第2版，117页。

学习提不起兴趣。

成人指责孩子"不刻苦"是件很轻易的事，与之相伴的是批评孩子"不懂事"。似乎孩子不知道用功学习的好处，于是一遍又一遍地告知孩子学习应该刻苦努力。

这真是太小看孩子了。儿童并非不知道刻苦学习可以换来好成绩，他只是做不到。当学习活动没有唤起他的愉快体验时，他就无力去调动自己的主动精神，不由自主地表现出懒散、不刻苦、不认真等——许多人以为这是某些"不成器"的孩子的天性，其实是他上进的天性被扭曲了。

"不刻苦"的孩子好像经常忘记了学习这回事，他们总是把时间消磨在看电视、打游戏、踢球、打电话等事情上，甚至是无所事事地坐着，表现出特别"不上进"的样子。大人说他，他脸皮厚厚的不在乎。

对这种情况，家长不要孤立地看待，不要简单地把责任归到孩子一个人头上。

事实是每个孩子都愿意自己在学习上做得更好，愿意让父母满意，愿意受到大人的夸奖。因为人还有一个天性，就是上进心。如果一些孩子表现出对学习没有上进心，这不是天性中缺少，而是在后天成长中慢慢丢失了。

杜威认为，对孩子来说，玩耍和学习本来是不冲突的，正常条件下儿童有能力协调这两者的关系。如果一个孩子只想玩不想学习，使这两者冲突了，那一定说明他的教育环境有某种不良的东西在影响着他。他注意到，"凡是所做的事情近于苦工，或者需要完成外部强加的工作任务的地方，游戏的要求就存在"。[1] 所以说，正是因为成人把学习暗示成一件

1　[美] 杜威，《民主主义与教育》，王承绪译，人民教育出版社，2001年5月第2版，222页。

"苦事"，或者用种种不正确的方法破坏了孩子对学习的兴趣，使得学习成了一件"苦事"，孩子才想逃避，才想无度地玩耍和浪费时间，变得"不懂事"了。

家长和教师应该研究儿童的特点，体恤儿童的心理，注意从"学习情感"方面培养孩子的好学精神。儿童是脆弱而无助的，不要把孩子当成可以克服困难的英雄来不断要求，不要一再地拿"刻苦"来困扰他。一厢情愿地要求儿童具有"卧薪尝胆"的精神，等同于要求一只刚出壳的小鸟到蓝天上翱翔（不太恰当）。不关注环境中的培养要素，只是从主观上要求孩子具有"刻苦精神"，这就像认为可以从空气中抓来一沓钞票一样没来由。

"刻苦"是一种成熟的学习品格，它不会凭空产生，它是在理性和兴趣的土壤上生长的。有的孩子上中学了，马上要高考了还不愿意用功学习，说明他的学习品格始终停留在低龄阶段，这种发展的停滞是由于从小到大，他在学习上始终没形成兴趣，在思想上始终没发展出理性。这些发展的停滞，一定和家长的教育态度及方式有关。

孩子在各个学习时期所要解决的主要矛盾不一样，就现阶段我国的教育体制来说，我认为小学阶段主要解决学习兴趣的问题，初中阶段主要解决学习方法的问题，高中阶段拼的才是勤奋。

从兴趣、方法到勤奋，是个因果关系，前一项不存在，后一项就不能很好地实现。在每一个学习过程中，它们也无法截然分开，而是并存于各阶段；从横向来看，也是这样的顺序。所以，在每一种学习活动中，"兴趣"始终重要，呵护好了兴趣，才可能产生方法，有了兴趣和方法，才能生长出勤奋。

学习的理性是逐渐形成的，各个时期的主要矛盾解决好了，学习品格才能呈现出良好的状态。

当然，家长的能力也是有限的，我们不一定有能力让孩子觉得学习是件"有趣的事"，但至少要用我们的眼神和行动告诉他，学习是件"不苦的事"。我们也许没有能力让孩子对学功课像打球或玩电脑游戏一样有热情，至少要让他觉得这件事像睡觉吃饭一样正常而必需。这就需要我们在对孩子的管理中不断思考，和孩子说话时关注自己的潜台词，体会自己的话传达给孩子的到底是什么。

在培养孩子勤奋学习方面，恰是不能强化"苦"，而要尽量消解"苦"——不要向孩子提示学习是苦的，也不要给孩子施加压力，避免他在学习活动中感觉苦闷。

圆圆上高中后，学习很累，她偶尔也会抱怨说太累了，表现出松懈。孩子本来已经觉得苦了，这个时候家长就更不能以"要懂得吃苦"这类正面说教让她苦上加苦了，这个时候应该想办法减轻她对苦的体验，向她提示"学习不苦"。

我采取了两个办法来帮助她。

一是找了些高考状元谈经验的资料，尤其是那些谈刻苦用功的，让她知道凡是取得好成绩的同学，没有一个不勤奋。这表面上看是强化了学习要刻苦，实际上缓解了她对苦的感受。既然状元们都那么用功，那么自己用功也就是正常的了。在这个过程中，我注意没有向她提一句要求她吃苦用功的话。

二是和她一起读了本《科学的故事》，尽管她高中时学习很忙，我仍然建议她浏览了这本书。这本书编得很好，它呈现了数学、化学、物理、医学等各学科的大致发展脉络，用许多生动的故事讲述了其中艰难的历程。圆圆从这里看到人类科学知识的积淀是那样不易，仅仅是氧气的发现就经历了那么多年、那么多坎坷。想想自己可以轻易地拿着薄薄的教科书纵览前人每一种惊人的发现，她觉得很幸运——自己不过是这些伟大成果的享用者，有什么苦呢?!

我做这些，无非是让圆圆站在高处看待事情，既能刻苦用功，又不觉得苦。高中生已有较为成熟的理性，她的认识已可以唤起她的毅力，而毅力可以降低痛苦感。

圆圆在高二高三时每天学习十几个小时，非常自觉，从不无端地浪费时间。她平均每天睡六个小时，高三那一年要靠喝咖啡来提神。高考完后我问她觉不觉得这样学习太苦，她说有这样一个机会全力以赴地做一件事，能透彻地了解那么多知识，也挺有意思。只是觉得自己应该用功，苦倒是不觉得。

高考结束后，很多孩子仿佛一下从监狱中放出来了，有的人恨不得把书撕了。圆圆有些奇怪自己怎么没有这种感觉，日子好像和以前差不多，无非是生活内容不一样了。这可能是因为她在高考前一直没有那种特别压抑、特别苦累的感觉吧!

我发现，给家长讲让孩子"刻苦"，一般来说家长都乐意接受；如果告诉他们不要对孩子讲"刻苦"，家长往往不爱听，甚至会反感。

可能是因为"刻苦学习"的思想已深入人心，大家已这样思考好多年了；而"不要刻苦"的说法太新鲜，人们往往在没有用心去理解的情况下，凭感觉就拒绝了。再一个原因是，谈"刻苦学习"，是单方面去改变孩子，这是家长们愿意的；可不谈"刻苦"却要让孩子达到刻苦，这改变的首先是家长，家长们一般就会排斥，因为人是不喜欢被他人改变的。

有个中学老师对我说了这样一件事。她所在的学校一个男生在高考中取得了非常好的成绩，男孩的家长被邀请去给在校学生的家长们讲自己如何培养孩子。这位家长总结的经验就是："没别的，就是逼着他用功。"她说家里卫生间也摆着英语书，让孩子连上厕所的时间也不要浪费。这位家长的经验颇受其他家长的认可，结果是许多家长都回家狠逼孩子学习，在孩子上厕所时也强行给孩子塞一本书。

不少家长对孩子的教育做得很细很有特色，恰是那些日常细节成全了孩子。但在总结经验时，很多家长不善于捕捉细节，没发现自己行事的精髓，往往只能按俗套谈出一些表面的东西。我相信这位家长说的"就是逼着他用功"是真的，但她只是孤立地陈述了一种状况。我几乎可以肯定，她一直以来一定有高于这一手段的真正聪明的做法，否则的话，孩子十几年的学习一路走来，不会有今天的结果。

不是她不想告诉大家，可能是她不会总结。这和现在市场上一些成功家长谈家庭教育的书一样，家长的"成功"是真的，书中谈到的方法也不假，只是家长由于专业水平或表达能力的限制，没有把真正有效的、核心的方法提炼和展示出来，却更多地呈现一些皮毛的、非本质的东西。这些东西对其他家长并没有什么参考意义，甚至会有误导。家长们如果只是学点皮毛，回来简单地抓"用功"，把孩子上厕所的时间都要抓起来，恐怕最后要大失所望了。

还有一个原因使得人们特别愿意对孩子讲吃苦，是因为有太多的事例佐证着"吃苦"与"成功"的因果关系。

我们经常读到一些古今中外伟大的科学家、艺术家如何废寝忘食地工作和学习的故事，这些故事常常被当作"刻苦努力"的例子来激励后人。它们使人深信，"吃得苦中苦，方为人上人"是真理。

事实上，每一个忘我地投入学习或工作中的人，他一定是对学习或工作建立起了兴趣或责任感，这种兴趣和责任感是如此强大，以至于常常超越了生理需求。平常人看到的是他们在饮食起居上的"苦"，看不到他们置身于喜爱的事情中的"乐"，就以为他们是凭借"苦"取得成功的。实际上，他们不"苦"，他们只是"痴"，其中的乐趣别人体会不到。

正如一些孩子对电脑游戏表现出痴迷，上了机，他们也可以做到不睡觉，不吃饭——这叫"刻苦"吗，是否叫"迷恋"更恰当？"刻苦"和"迷恋"都意味着付出了体力和心思，给当事者带来的感受却是完全不一样的。

尽管我们在生活中根本不需要区别"刻苦"和"迷恋"的异同，但在教育中一定要意识到不同的感受对孩子会产生完全不同的影响。

想让孩子做好一件事，首先就一定要让他喜欢这件事，至少不能反感，避免在这件事里掺杂让他感觉不快的因素——学习不要"刻苦努力"，说的就是这个道理。

不考100分

正因为特别渴望孩子取得好成绩，我才绝不向她要分数。

庸俗目标只能给孩子带来庸俗的刺激，不会产生良好的内在动力。从上小学就追求分数，会使孩子形成畸形的学习动机，变得目光短浅，急功近利，反而降低其学习兴趣，影响考试成绩。

在一所小学校门口，看到一小女孩兴冲冲地对来接她的妈妈说："我数学考了 98 分！"她妈妈马上问谁谁考了多少，听到人家考了 100 分，脸上顿时不满："人家能考 100 分，你怎么就考不了？"孩子原本兴奋的神情一下子消失得无影无踪，一脸委屈与沮丧。

孩子成绩好坏，往往就在家长的一句话间。太多的家长像这位家长一样，特别希望孩子有好成绩，但说出的话却在扼杀好成绩。语言不是呼出的空气，不会消散在空中无影无踪，它会在孩子内心留下痕迹，对孩子影响至深。

我还在一个朋友家见过一位二年级小学生的家长，她没有前面这位妈妈严肃，看起来性情很好。朋友和他们母子寒暄，问孩子是不是放假了，期末考试好不好。孩子很骄傲地说，语文 98 分，数学 99 分。我们一听连连称赞孩子真棒，妈妈倒也高兴，愉快地白孩子一眼，嗔怪地说孩子："看你这臭显摆，班里有好几个孩子考双百呢，你考个双百再来吹牛！"妈妈其实内心应该是比较满意的，她这样说多半是为了谦虚。孩子听了有些不服气地做个鬼脸跑开了。

不管是真情还是假意，许多小学生家长在孩子的分数问题上，都是这样漫不经心地犯错误。上面两位家长虽然说话的口气和用意不一样，但话语中传达的价值观一样——100 分才是好样的，才是令人满意的。

家长就这样把学习变得功利，不知不觉把孩子往歧路上引，让孩子偏离学习的正途。尤其前一位家长，她不但让孩子对学习怀有虚荣心，还教唆孩子去嫉妒。

当孩子第一次背上书包去上学时，他是多么兴奋啊！可是用不了多长时间，许多孩子就开始陷入痛苦。作业像山一样压在他们身上，分数像河一样挡在他们面前。尤其当他看到别的同学考了好成绩，而自己的成绩不理想，或者即使成绩还不错，仍然没达到家长期望的高度时，就会感到沮丧和不自信。

与此同时，很多第一次把孩子送进小学的家长，在这关键的时刻，并不是通过向书本学习或向他人学习，知道作为家长如何帮助孩子在学习上形成自信和好习惯；而是怀着掷骰子的心理，被动地等待着结果，看自己的孩子是"学习好"的还是"学习差"的。也有家长自以为是地瞎指导孩子，要求孩子考 100 分，以为那就是赢在起跑线上。

我见过一位小学教师，她的儿子很聪明，她觉得自己所在的小学不好，特意把儿子送到市里最好的一所寄宿制小学。那所小学以考试成绩好而著称。孩子们从上一年级，每周都有考试。这位妈妈每周末接儿子，总是首先谈考试，问语文考了多少，数学考了多少，班里有多少同学考了 100 分。她儿子尽管学习也不错，但考试卷上总会或多或少错一点，没有一次能拿到 100 分。她也懂得孩子需要鼓励，就总是安慰说："没事，九十多分也很好，争取下次考 100 分。"期中考试前的一次小考中，儿子终于数学考了个 100 分，高兴极了。她接了儿子回家，马上就让儿子给姥姥和奶奶打电话，汇报这个好消息。姥姥家和奶奶家的人都一个劲地夸孩子，这个成绩给所有的人都带来极大的愉快和幸福，大家纷纷许诺说期中考试再拿了 100 分就给这样那样的奖励。到期中考试，她一再叮嘱儿子考试要认真，好好检查卷子，不要出错，争取再考 100 分。考试后去接孩子，这个不到七岁的小男子汉一见妈妈就哭了，告诉她自己没考出一个 100 分。妈妈尽管很失望，却没批评孩子，只是又一次鼓励他争取下次考 100 分。

这位妈妈觉得自己是那种总能够给孩子鼓励的家长，认为儿子没拿到 100 分流泪是有上进心的表现，她觉得自己对孩子的激励很有效。所以当她对我讲起这些时，也表现得很自信。但我却听得忧心忡忡。

她的错误是把学习目标定位在满分上，却对孩子的学习能力、态度、方法、兴趣，以及对知识的真实掌握状态没去关注。她的行为看似鼓励孩子好好学习，实质是在追求作为家长的满足感。而她及她的家人那种共同的"满分癖好"，在学习动机上会给孩子误导。他们对孩子考出满分后的种种许诺，看似和蔼，实则粗暴，没有多少激励作用，却给孩子施加了很大的压力。

满分是一个成绩极限，一般情况下大多数孩子根本达不到。家长对 100 分的爱好，只是不断制造儿童的失落与内疚感——孩子从偶尔的好成绩中，虽然可以获得暂时的愉快，但大多数时间里，他们内心是不安与痛苦的，因为他们不知道下一次考试会怎样，会不会让家长满意。他心里没有把握，惴惴不安，一心惦记着分数，却失去了真正的学习目标。

前些天在聚会中遇到一个老同学，他儿子上初中二年级，学习成绩一直平平，他为此有些发愁。那天我们正吃饭时，他收到儿子的一条短信，说数学考了 97 分。看来孩子非常高兴，都来不及等爸爸回家，急于告诉他这个好成绩，并问他高兴不高兴。我这位老同学当然高兴，当即对大家宣布了这个事，说他儿子已有两年数学没上过 90 分了。他当即给儿子回了短信，合上手机时，他有些得意地说，他告诉儿子"我高兴，但你要考 100 分我更高兴"。他还陶醉在自己很会鼓励儿子的良好感觉中。我不客气地对他说："你这样说真是疯了，这不仅破坏了孩子眼前的快乐，他刚刚建立起的一点自信，也足以被你这句话击碎。"

假如家长要求什么孩子就能实现什么，那么天下所有的孩子都会成绩优异、习惯良好、多才多艺、品貌出众——那样的话做家长真是件轻松惬意的事。

可上帝似乎有一种不公，"分数越要越低"这个现象很残酷但确实存在。一些家长在孩子的学习上费尽心血，孩子却成绩差、习惯坏；另一些家长看起来做得轻轻松松，孩子在学习上却又自觉成绩又好。这让许多对自己孩子失望的家长感叹自己"命不好"。其实这些"命不好"的家长完全可以改变自己的"命运"，那就是改变不正确的成绩观。

心理学研究表明，在学习上，成功动机过强或过弱都不好，一是对学习不利；二是对保持不利。庸俗目标只能给孩子带来庸俗的刺激，不会产生良好的内在动力。从上小学就追求分数，会使孩子形成畸形学习动机，变得目光短浅，急功近利，反而降低学习兴趣，影响考试成绩。就像一个跳高运动员，如果在训练中或赛场上他不是把注意力集中在如何助跑、起跳、跃过横杆，而总是考虑场上观众如何看他，如何评价他，他跳过去了会得到怎样的奖赏，跳不过去会如何难堪。这种想法会让他顾虑重重，甚至装腔作势，那么他在赛场上将不会取得好成绩。

"分数"和"成绩"其实并不完全对等，分数可以反映成绩，但分数不等于成绩。如果家长从孩子一上学就只是着眼于每次考试得了多少分，而没有培养起孩子对学习本身的兴趣，那么"优秀成绩"注定只是一时的梦幻彩虹，让那些没有远见、没有踏实心地的家长最终失望。这就是为什么很多家长感到很奇怪：我的孩子在小学时很优秀，经常考 90 多分或 100 分，为什么上了中学就不想学也不会学了？出现这种情况，原因当然有很多种，但这之中一定有很大一部分孩子是因为从小养成的不良学习动机，其结果一是败坏了学习胃口，二是动机的低下束缚限制了他们的视野和能力，使他们发展的空间越来越狭窄了。

引导孩子面对知识本身，而不是完美的考试分数，孩子在学习上的潜力才会慢慢喷发出来。几乎没有哪个孩子会愈挫愈勇，他们需要成功体验。成功体验不是偶尔得到的高分，而是通过自己的努力解决问题后的喜悦。

哲学家弗洛姆认为，现代生活最突出的一个心理特征是，许多为实现目的而采取的手段及活动，已越来越篡夺了目的的地位，而目的本身却成为模糊的、非真实的存在……我们已陷落在手段之网中，经常忘记了我们的目的。[1]

我女儿圆圆上小学时，学校对成绩评定不打分数，只打"优""良""及格""不及格"，85 分以上就是优。她成绩一直不错，都打了"优"，但在我的印象中，几乎每次卷子上都有些错，也就是说她基本上没得过 100 分。我不愿强化考试的重要，所以对她大大小小的考试并不直接过问，只在暗中关注她的学习情况，经常和她聊聊学校里的事，也和

---

1 [美] 弗洛姆，《为自己的人》，孙依依译，生活·读书·新知三联书店，1988年 11 月第 1 版，180 页。

老师们沟通一下。

老师经常让家长在发下来的卷子上签字，我和先生绝不因为孩子分数的高低兴奋或失望。考得很好，孩子高兴，我们也正常表达高兴；考不好，孩子可能会有些沮丧，我们就告诉她：没考好，正好可以发现自己哪些地方学得不够好，要是老师出的卷子恰好都是你会的，虽然得了高分但不能发现自己的问题，那不也很遗憾嘛。这样说能引导她踏实下来，把注意力放到学习上。

同时我也注意激励孩子，因为她毕竟是孩子，需要一些浅显的成就感。例如，一张数学卷子，她考了85分，经由她自己修改后，又有9分的题做对了，但还有一道6分的小题没改对，我会很愉快地在她改正的题上打上对钩，然后用铅笔在原分数旁边写上"94"，告诉她现在的成绩已变成94分，而不是85分了。那道6分小题她可能会马上再改正，也可能需要再想想或第二天请教老师，或需要妈妈和爸爸给她讲一讲。总之不论什么时候改正了，我就会把那个94分擦去，写上100分。即使卷子已经被老师重新收走了，我也会给她一个口头100分，对她说："昨天你还有一道题不会做，是94分呢，今天就都会了，变成了100分！"

任何考试卷，只要修改，成绩肯定会高于原来的。这样，孩子就发现了过程与结果的关联性。圆圆认识到，只要去解决一个错题，就能得到更好的成绩；如果把错题一直追究下去，每次考试的最终成绩都会是100分。这不但让孩子知道学习要一点一滴地认真对待，最重要的是她会因此觉得，得不得100分主动权在自己手里，而不是像前面那个哭泣的小男孩一样，以押宝的心态求100分。

不在教育上虔诚思考，不去用心理解孩子，只在分数上步步紧逼的家长，最后多半会沦为节节败退的家长。

有一位家长，他的生意做得很好，赚了不少钱，但他的儿子一直令他头疼。这个孩子现在已经上初三了，特别不爱学习。他现在担心儿子连高中都考不上，更不用说上什么重点学校了。他在一个场合听我提到"分数越要求越低"的观点时，有些不以为然地说："我看你说得不对，孩子学习好不好还是在于他自己，我对儿子多用心，对他的要求也不高，从来没要求他考 100 分，他也没学好。"

这个家长的情况我比较了解，他做生意很精明，但在教育孩子方面总是怎么笨怎么来。他孩子刚上小学一、二年级时，每逢期中、期末考试，他就给儿子请来各科家庭教师，从考试前一个月给孩子补课。他对儿子说："爸爸不怕花钱，只要你能考出好成绩就行。"

他的孩子在小学低年级时，成绩还能保持中等偏上，他为了鼓励孩子取得更好的成绩，就总是说："班里谁的家长舍得花这么多钱请家教，你应该进前十名啊。"可他的孩子不但没有进前十名，反而开始往后退。假如儿子考了第二十二名，他就会拿着孩子的考试成绩，语重心长地对孩子说："爸爸为你的学习花了那么多钱，你怎么也该考进前二十名啊。"几年下来，他现在对儿子说的话已变成："你哪怕考个及格也行啊！"他为了儿子的学习，除了请家教，还经常在考试前给学校老师送礼，回来对儿子说："你爸赚的钱，都给了老师了，你不好好学习能对得起谁？"

这位精明的生意人，以为他的商业法则会处处灵验，花钱就可取得"鬼推磨"的效果。实际上他和前面几位"要 100 分"的家长比起来，对学习的认识更浅薄，在恶化孩子学习心理方面有过之无不及。他不断地把学习目标定位在"考试"上，使孩子目光短浅，不断地关注"名次"来扰乱孩子的学习动机，不断地制造孩子的内疚感，使孩子在心态上变得虚浮，不断地用钱来轻薄知识，让孩子学会庸俗思维。一个在学习上目光短浅、没有良好动机、心态虚浮、思维庸俗的孩子，他的成绩怎么可能不一路下滑？

哪个家长不希望孩子考 100 分呢？包括我自己，也很在意孩子的成绩。正因为我特别渴望孩子取得好成绩，我才绝不向她要分数。任何单纯要分数的行为都是浅薄的，都是破坏性的。我要做的是培养孩子的智慧性、孩子对知识的好奇心、爱钻研的精神、提出问题的能力、寻找答案的兴趣、有效的学习方法、平和的学习心态、持之以恒的毅力等——这些才能成全孩子的成绩，才是在各种考试中胜出的决定性条件。最重要的一场考试——高考中的好成绩，也只能从这里出现。

儿童天生就懂得自尊自爱，"争强好胜"其实是一种天性。孩子入学后，即使家长不说什么，他们都会产生对分数的追求、对名次的渴望。面对卷子，他们每个人都会尽全力表现出最好的自己，绝没有一个孩子明明会做，却故意做错，故意让自己拿不好的成绩。

家长要建立这样一种信心：不提分数或名次要求，不会影响孩子的学习成绩——孩子从家长的态度中知道，学习不是为了分数，不是为了和别人比，而是为了自己学会。他不对分数斤斤计较，才会最终获得好成绩。

想要"100 分"，就别要求孩子考 100 分——听起来像个悖论，但它真正成立。

考好了不奖励

　　把奖励当作学习的诱饵提出来，是一种成人要求儿童以成绩回报自己的行贿手段。它让孩子对学习不再有虔诚之心，却把心思用在如何换取奖品、如何讨家长欢心上。这让孩子的心总是悬浮在半空，患得患失，虚荣浮躁，学习上很难有心无旁骛、脚踏实地的状态。

我们一直很注意在各方面鼓励圆圆，但只给她精神鼓励，几乎没动用过物质奖励。在学习上更是执行"不奖励"政策。

我在另一篇文章《只设"记功簿"不设"记过簿"》里讲到，我们给圆圆的奖励就是经常在一个小本子上记下她值得表扬的事情，画朵小红花。即使这样的"画饼充饥"，也没拿它用作学习方面的激励，小本中没有一朵小红花是因为考试成绩好得到的。

采取"考好了不奖励"的政策，当然也有"考坏了不批评"的政策配套。就是说，在我们家，她考好考坏都是正常的，不会因为她考好了我们就兴高采烈，考不好就生气失望，相关的奖惩当然更没有。

并非我们内心真的不在意她的学习成绩，作为父母，我们也强烈地希望她有好的学习成绩，但这种愿望一直是锁在心里，把其转化到日常细节的处理和思考上，而不是经常表露在言语和表情上。

家长们也许担心不在学习方面提醒或刺激，孩子就会不好好学习，这种担心是多余的。

就当下的社会生活来说，考试的重要性已被渲染到无以复加的地步，孩子周围根本不缺少"分数场"。从一上学开始，孩子就天然地知道好成绩非常重要。家长什么都不用说，孩子也会尽力去拿一个好成绩。纵使家长没有奖励，好成绩本身也会给他带来巨大的快乐，已足以形成激励作用。

家长在成绩上的淡然，恰是对社会、学校过度渲染成绩现象的平衡，把孩子拉回到踏实的学习心态中，防止他在学习中压力过大或变得虚浮起来。

家长不渲染考试，不强化分数，会让孩子面对考试心理一直比较坦然，使他的学习注意力不被分散，学习中没有压力，不但不会影响孩子的成绩，从长远来看更能促进他的学习进步。

圆圆的学习成绩基本上一直令我们满意，每到学期末我们翻看她的成绩册时，总是感到非常愉快。放假了，我们可能会带她去买一件非常好的衣服，但只是因为这衣服好看，并且此时应该给她买一件了，我们绝不把她的考试成绩和这件衣服联系起来。

考试成绩本身就是奖励，父母合上成绩册时一句淡淡的"很好"和眼中的愉悦，就已经足够激励孩子再接再厉了。

一位妈妈告诉我，她用了很多办法来激励孩子。孩子考好了带他去游乐场、买名牌运动鞋、吃西餐，甚至许诺说要考到某个程度就带他出国旅游。可每种办法只能用一两次，然后就没效了，所以孩子的学习一直没什么起色。

这位母亲似乎用了很多办法，但分析她的方法，其实只有一种，那就是物质刺激，区别只是奖品不同。

人对奖品的热爱程度取决于他在这方面的欠缺和需求程度。从物质贫困年代走来的家长们常有的思路就是物质刺激，这是供应短缺时代遗留的观念。

对现在的孩子们来说，在物质方面并没有太大的欠缺，所以物质奖励并不能真正刺激他们的热情。即使物质奖励能带来一些动力，也是阶段性的，持续不了多长时间，而学习需要的是持之以恒的态度。

物质奖励不能从根本上解决问题，却会产生不少的副作用。

首先，它转移了孩子的学习目的。

一个孩子如果为了一双旱冰鞋而去学习，他在学习上就开始变得功利了。在短时间内可能会取得好成绩，可一旦得到了这双鞋，对学习就会懈怠。庸俗奖励只能带来庸俗动机，它使孩子不能够专注于学习本身，把奖品当作目的，却把学习当作一个手段，真正的目标丢失了。

其次，它破坏了孩子实事求是的学习精神。

学习最需要的是对知识的探究兴趣和踏实的学习态度，这是保持好成绩的根本动力和根本方法。把奖励当作学习的诱饵提出来，是一种成人要求儿童以成绩回报自己的行贿手段。它让孩子对学习不再有虔诚之心，却把心思用在如何换取奖品、如何讨家长欢心上。这让孩子的心总是悬浮在半空，患得患失，虚荣浮躁，学习上很难有心无旁骛、脚踏实地的状态。

再次，它让孩子对学习产生对立情绪。

任何考试都有变数，谁也不能保证在每一次考试中都取得好成绩。如果一个孩子很早就想得到一双旱冰鞋，家长说如果考试能进班内前十名就给他买。结果孩子考了第十二名，家长就说等到下次考试进了前十名再买。家长认为这样可以激励孩子继续努力。孩子由于和家长有言在先，也会答应下次争取进前十名，但他心里会不由自主地对下次考试忧心忡忡。他下次进入了前十名，会有暂时的愉快，但用不了多久，家长一定会在新一轮考试中有新的条件提出来。每一次考试都是个坎，需要孩子去跨越，一旦做得不理想，他就会有挫败感。不知不觉，他变得反感学习、憎恨考试了。

在孩子的学习上使用激励手段，一定要考虑方式和学习之间的内在关系，不要让这两者形成冲突。同样是买旱冰鞋，如果换个做法，则效果会好得多。

家长如果在孩子考试前就知道他想得到一双旱冰鞋，并且准备给他买的话，最好在考试前什么也不说，也不对孩子提任何名次要求。当孩子拿回第十二名这个成绩时，赞赏地对孩子说：不错，都快进入前十名了。然后转移话题，问他是不是想买旱冰鞋，正好放假有时间去玩了。

这样就把考了第十二名这个"劣势"说成一个优势（"快进前十名了"），后面又紧跟了去买旱冰鞋这件让孩子期待的事——考试成绩和买旱冰鞋这两件事就没有一点冲突，孩子在这两件事间建立了良好的条件反射，想到"学习"时会伴有愉快的情绪体验。

无论家长心里想什么，你给孩子的感觉一定要让他觉得简单愉快。给他旱冰鞋，并不是因为他进入了前十名，只是因为他喜欢轮滑运动；给他一百元，并不是因为他数学得了 100 分，只是因为他想去买周杰伦新出的歌曲——不要无故拒绝也不要随意奖励，尤其不要在孩子的正常需求上附加任何和学习有关的条件。

另有一种情况要注意。我见过一位家长，她不用金钱等物质的东西来奖励孩子，她用"时间"来奖励。她十二岁的儿子喜欢上网，她一心要孩子好好学习。她后来想办法，规定儿子每次考试，只要有一门课85分以上，就奖励两个小时上网时间。

这个想法从表面上看来有道理，既可以让孩子努力学习，又能满足他的上网要求。她的方法在最初时似乎见到了效果，孩子有几门课考到了85分以上，她就如约奖励了孩子"时间"。孩子很高兴。但时间一长，孩子并没有像设想中的那样"85分以上"越来越多，却是越来越少了，而上网的愿望一直没少。为这事又和她发生了越来越多的冲突。最终这个奖励方案宣告失败。

分析这位母亲的奖励方法，其实和前面提到的物质奖励一样，制造的都是对立的购买关系。孩子最缺的是时间，那么就让他用成绩来购买。时间在这里就成了物质的变种。问题是这种购买关系经常因为"学习"这方面的原因不能实现，或实现得不够令人满足，孩子不能获得充分的玩游戏的时间，内心就会对"学习"产生对立情绪。这种对立情绪让他的成绩更不如意，他获得的时间就更少，然后学习就表现得更差——事情进入恶性循环。

这位妈妈问我怎么办，我说："一般来说孩子玩游戏也是一种必需，能让他玩就尽量让他玩，不要随便夺走孩子的一种爱好。如果你的孩子真的玩得很无度了，影响了正常学习，你可以让玩游戏和另一个他想得到的东西对立起来，让玩游戏成为他获得那个东西的一项必须完成的'任务'，也许会抵消他对游戏的兴趣。

"比如，他现在特别想买一辆八百元的山地自行车，你就告诉他，每上一次网，他可以赚到十元钱，什么时间赚够钱了，就去买车子。

"这里要注意的是，你在口气中不要表现出对游戏的厌恶，把这当作孩子正常的爱好来看待。这样他原本一天上一次网，一次上四个小时，在这种政策下他可能变成一天上四次网，每次上一个小时。赚到八百元需要上机八十次，这不是一两天就能实现的——就是说在设计上要稍有难度，无论用什么来做'奖品'，不要让他轻易得到——上机八十次，怎么也得半月二十天的吧。这样，上网就变成了一项任务。

"对孩子来说，一旦觉得某件事情是任务，他就会同时有苦役感。这样做下来，到他终于买上山地车时，游戏的兴趣多半已被大大地消减。如果过一段时间他对游戏的兴趣又起来了，你可以按这样的思路设计下一个'奖励'。注意在整个过程中不要让孩子察觉你的真实意图。"

我想我这个"方法"如果在做之前被孩子听到了，可能会让他觉得是个馊主意。但在他不知情的情况下，他应该是乐意接受这个方法的——没有痛苦地减轻了网络依赖，减少了和家长的冲突，他的生命成长中因此减少了一些伤害。这对他当下及未来可能都是重要的。这应该是个解决问题的思路，也是防止出现问题的思路。

还要提醒家长们的是，纯粹的口头奖励也不要过分。

儿童只有在对自己的能力不确信的情况下，才需要有外在的赞美和肯定来巩固他的自信。无论在什么事情上，只要孩子已形成较为确定的能力，就不需要经常去夸他，否则他会感到做作和廉价，反而让他对自己产生怀疑。

比如圆圆第一次缝了件布娃娃的衣服，我真诚地表扬她，当她已经缝到第四件时，我就不需再用"你缝得真好"这样的话夸奖她。我说："你的针脚缝得更均匀了，边线缝得比上一件还直。"这样的表扬话她听起来就比较真实，能带来成就感。

表扬的话说得过头了，不如不说。家长对孩子真诚的欣赏有各种表现的渠道，除了直接的夸奖，也可以通过日常生活中点点滴滴的小事表达出来。不打击孩子和不过度表扬孩子，意义其实差不多，都是家长不去扰乱孩子的自我认知。

在发展孩子各种良好品行习惯中，胡乱奖励不会对孩子的飞翔产生助力，反而会成为挂在孩子翅膀上的石块。"考好了不奖励"正是为了避免给孩子帮倒忙。

艺术教育应该是甜的

"艺术教育"不是"艺术技巧训练"。一个人纵使熟练掌握一门技艺，如果不饱含热爱，也不过是个匠人，而不是艺术家。

孩子学才艺需要吃苦，需要家长拿着鸡毛掸子站在旁边监督，这是近年来流行的一种误导。误导的直接后果就是，在艺术教育中，人们不再关心艺术的娱乐价值，只关心它的实用价值。只强调才艺学习要吃苦，却不去懂得带孩子品味其中的甜美。例如有的人舍得每月花几千元给孩子找音乐辅导老师，却一年都不舍得花五百元带孩子去听一场音乐会。艺术的趣味性在不合理的手段之下被慢慢消解，生命中本该最可口的果子渐渐变得酸涩。

某天，我打开电视，很偶然地看到当时被媒体火爆炒作的一位号称"虎妈"的女嘉宾，正在说她女儿学钢琴的事。"虎妈"曾出过一本家教书，书中讲述了她对孩子严格控制，为了逼孩子在功课及钢琴方面取得好成绩，不惜采用羞辱孩子的办法。在那天的电视中，"虎妈"照例在节目中渲染自己的做法。支持她的另一位男嘉宾为佐证她的观点，语气铿锵地说，钢琴家郎朗能有今天，就是他爸爸用大耳光抽出来的！男嘉宾的话博得了观众席上的笑声和掌声——这就是一些浅陋粗俗的教育观点在现实中得到的优待——因其浅陋粗俗，反而特别容易传播。

我非常欣赏我国钢琴家郎朗的演奏，也赞美他给中国人带来的自豪，但非常不喜欢近年来媒体宣传中所宣扬的他父亲的粗暴。

拆一间房子只需一把镐头，盖一间房子却不知要动用多少东西。如果想把一个天才变成蠢材或变成一个心理变态者，确实光有大耳光就够了。但如果说大耳光能抽出一个杰出的钢琴家，这相当于说一个农夫抡着镐头在土堆里乱刨乱挖就能造出一间宫殿；或者说一个铁匠天天抡着锤子去敲打一块铁皮，就可以把它敲成一枚发射到太空的火箭。如此逻辑，只要稍微动用一下我们的常识和理性，就知道这是多么可笑。

全国乃至全世界的"郎朗"为什么凤毛麟角？因为他的成功，必须是种种条件的聚合、多方面协作的一个成果。自身天赋、父母的影响、教师的水平、学校的支持、个人努力、经纪人的能力、机遇等，缺一不可。在郎朗的整个学琴过程中，他像任何一个孩子一样，可能有懈怠、痛苦，也有和家长的冲突等这些负面的东西，但这些东西一定不构成他艺术学习生活的主体。至于他父亲那句"名言"——练不好琴，要么跳楼，要么喝药去死——假如真这样说过，这也只是一个偶然事件，绝不可能是父子相处的常态。可能是媒体放大了偶然的细节，或者是他本人在品尝胜利果实时，对过往的某个不愉快细节进行了夸张回忆，夸大了它的影响和意义。所以真实的因果并不是现在媒体宣传的那样，如果有人信了，就会掉入陷阱。

心理学研究表明，人在回忆一件事时，会依自己的心理需求对材料进行加工，下意识地挑选出那些对自己有利的部分，或者是对过往事实进行合理解释。所以一些人在谈到自己的某个成功时，对一些真正的关键因素视而不见，却归纳为自己的成长得益于父母的打骂或老师的惩罚。这是其潜意识不愿接纳过去某种令人不快的经历，通过美化让它变得能够为自己接纳。它是一种下意识的自我掩饰和自我疗伤行为，只是当事者很难辨识这种心理。

"虎妈"节目现场，一个二十多岁的女孩子动情地对这位女嘉宾说："如果我遇到一位像您一样的妈妈，我的钢琴就可以达到很高的水平了。"她的话在现场唤起一片认同——正因为太多的人持有如此幼稚的逻辑，在许多教育问题上进行浅薄的因果关系推理，所以"虎妈教育"才有一定市场，而生命和教育的加减法不是这样计算的。

女孩的假设只有部分成立。如果她遇到一位像虎妈一样的家长，她最多有 10% 的可能学好钢琴，有 1% 的可能喜欢钢琴，但有 90% 的可能厌恶钢琴并罹患某种心理障碍。

我在这里提到"虎妈"，完全无意去评价她个人，相信她是位出色的女性，同时也相信她在家庭生活中不是书中表现的那样，否则她的孩子不会出色。这里只是要批评她所代表和推广的"严厉教育"概念。

音乐、绘画、舞蹈、打球、下棋等这些活动本来是人类的娱乐行为，依儿童的天性是喜欢学习这些东西的。可现在，才艺学习成了苦差事，"兴趣班"经常变成了"折磨班"。究其原因，是成年人忘记了为什么要对孩子进行艺术教育。

有位家长跟我说，她女儿三四岁就表示喜欢大提琴，很想学。但老师说琴太大了，需要等到六岁才可以学。孩子等得简直有些迫不及待。终于盼到可以学习的年龄，孩子开始时不知有多兴奋。由于妈妈工作忙，学琴主要由爸爸陪着。孩子和爸爸一直相处得非常好，做父亲的非常疼爱女儿，以前父女关系一直很好。自从学琴后，做爸爸的认为要想学好拉琴，就得严格要求，每天很辛苦地陪孩子练琴，发现孩子拉得不好，就用小棍打手。错第一次打一下，错第二次打两下，而且在发现孩子不专心时，会发脾气。经常弄得孩子一边拉一边哭，不但很快产生厌学情绪，不再想学琴，跟爸爸的关系也恶化了。当妈的私下跟老公沟通过多次，认为不该这样逼孩子。老公生气地说，学习哪有不吃苦的，并搬出自己从网上看来的郎朗父亲发飙的例子为证。

这位家长给我写信的目的是想求得一个在无法改变老公的情况下，如何让孩子快乐学琴的办法。我如实相告，没有这样的办法。以痛苦的方式让孩子有一种"特长爱好"，这几乎是妄想，孩子最多可以获得"特长"，不可能获得"爱好"。不知这位父亲最终是否会改变，如果他这样一意孤行，天天如此"严格要求"孩子，一个天才的大提琴手估计是要被他扼杀，而一个心理障碍者可能就要产生了。

很多的父母，当他们仅仅面对幼小的孩子时，心底柔情万种，发誓要让孩子幸福。最初要孩子去学一门才艺，动机也往往单纯，只是要孩子有一项特长，有功课以外的爱好。可一旦孩子进入学习程序，不少家长很快就忘记了这个初心，放不下"学习就要吃苦"这样的教条，最终把艺术教育做到了"兴趣爱好"的反面。

教育家卢梭说过：野蛮的教育为了不可靠的将来而牺牲现在，使孩子受各种各样的束缚；为了替他在遥远的地方准备他可能永远也享受不到的所谓幸福，就先把他弄得那么可怜。即使说这种教育在目的方面是合理的，但把孩子置于不可容忍的束缚之中，硬要他们像服刑的囚徒似的连续不断地工作，欢乐的年岁是在哭泣、惩罚、恐吓和奴役中度过，这种做法对他们没有一点好处。[1]

功利教育者眼里只有"物"没有"人"。他们只要社会衡量标准，不在乎儿童内在的感受。只关注孩子学到了什么技巧，不关注他是否体会到了美和愉悦。

教育过程不是企业生产流水线，所以不是严格控制每个环节，最后

---

1 [法]卢梭，《爱弥儿》，李平沤译，人民教育出版社，2001年5月第2版，69页。

就会出产一个好产品。孩子是有血有肉的，每个孩子都独一无二，有着庄严的内在秩序。家长和教师的意图都要经过孩子心理的发酵和转化，才能转变为学习动力。在才艺学习中，如何保护孩子的学习兴趣，如何让孩子品味到才艺的魅力和乐趣，避免错误管理导致孩子痛恨学习，这是家长和教师要面对的难题。

对难题的解决，并非一定是困难的，美好的教育总是简单的。家长做到两点即可：一是家长要端正艺术教育的态度，不要在"爱"和"好"之上再附加任何其他目的；二是想办法帮孩子找到一位好教师。

可以说，除去孩子天赋，艺术教育的成败大部分由教师来决定，所以如何选择教师就是一件非常重要的事情。

首先是教师自身的艺术示范水平。

任何艺术学习都必须经历一个观摩期，没有模仿就没有学习。教师的示范意识和示范水平，反映了教师对这门艺术的精通程度和理解程度，也决定了他对孩子的专业引导程度。

我女儿圆圆从小学二年级开始学习二胡，在这之前，曾学过几个月手风琴。学手风琴是圆圆第一次学乐器，却是一次失败的经历，其中一个重要问题就是老师很少进行示范演奏。也许是出于教学经验的不足，也许是自身演奏水平有问题，怕露怯，老师只是讲指法，几乎没做过示范，即使我委婉地提出要求，她也不去做。教学效果可想而知，孩子不但学得很茫然，兴趣也被败坏，两个月后我们不得不中止学习。

有了这次教训，再找才艺老师时我特别留心这一点。非常幸运的是圆圆遇到的两位二胡老师都非常好，都是资深演奏家。一把琴在他们手上，如同有了魔力，随便一拉，就有美妙的旋律流出，整个学习过程就是老师不停示范的过程。对比手风琴老师的教学，效果可以说有天壤之别。

　　两位老师的专业造诣还表现在对二胡文化乃至整个音乐文化的理解上。他们在给孩子上课时，不仅讲二胡的演奏原理，还穿插着讲一些和二胡相关的背景知识，甚至是有趣的小故事，这对激发孩子的学习兴趣也非常重要。

　　当然，像那位手风琴老师那样教学的情况可能比较少见，但考虑到现在的艺术教育市场越来越混乱，老师素质良莠不齐，还是提醒家长们注意一下这一点。

　　其次是教师的教学管理方式。

　　有一些才艺教师自身专业水平不错，但只看重手头技巧，不注意关照孩子的心理，就特别容易陷入技术至上的误区。

　　比如有一些教小提琴的老师，在教孩子如何拉琴前，要求孩子花大量时间背五线谱，理由是拉小提琴要用五线谱。可这项作业极为枯燥，孩子几乎以为学琴就是花大量时间背五线谱，会很快出现厌倦感。如果调整一下思路，让孩子首先体会到学习的乐趣，接下来的学习可能会顺利得多。

　　我女儿圆圆遇到的第一位二胡老师在这方面很有经验。他既没有让孩子专门去学简谱，也没有一上来就把孩子投入枯燥的基本功练习中，而是在教过简单的演奏技法后，很快让圆圆学会了一个小曲子，我记得是《小星星》。刚学一两次，就能拉出一个完整的小曲子，这让孩子非常有成就感，还通过电话拉给姥姥听，姥姥的夸奖更让圆圆有满足感。

　　任何学习都要经历一个由笨拙到熟练、由粗陋到精湛的过程。教无定法，贵在得法。不同的老师在处理具体教学任务时，会有不同的办法，一个总的原则就是不让孩子有挫败感，不断地给孩子成就感。自信和兴趣犹如隐藏在汽车中的发动机，看不到，却不可或缺。教师若能体恤孩子，注意保护孩子的自信，艺术教育就已成功一半。

再次是教师对待孩子的态度。

教师和学生的关系深刻地影响着学生的学习状态，也影响到学生对所学专业的情感。如果一个孩子很讨厌一个老师，那么他几乎不可能把这位老师所教的功课学好。我从女儿圆圆的学艺经历中清楚地看到这一点。

圆圆在九岁时还学习了爵士鼓。当时我们在烟台，邻居家经常和圆圆一起玩的小姑娘小源很喜欢爵士鼓，附近正好新开一家艺术学校，有爵士鼓这个项目，小源报了名。圆圆听说了，也想学，我就也给她报了名，正好和小源一起去上课，老师进行一对二的教学。

这个老师鼓打得很好，他的示范演奏显然深深地吸引了两个小姑娘。孩子们第一次看老师的演奏时，被这流畅而激越的鼓声点燃了，眼神都那样激动明亮，她们都跃跃欲试。爵士鼓入门并不难，两个小姑娘接受能力都很强，应该是两个不错的学生，但接下来的情况却出乎预料。

老师是位年轻男老师，脾气很大，似乎不能容忍孩子们的任何错误。他从第一节课开始，就总是皱着眉头，说话时一脸冰冷，一旦孩子们在哪里打错了或打得不够好，他就表现出生气或不屑的神情，不时地呵斥孩子们。从第二节课开始，两个小姑娘上课就表现得战战兢兢，完全没有了开始的兴奋。

我赶快私下和这位老师进行了沟通，希望他对孩子们的态度友好些。老师居然有些生气，表示出对我的想法很鄙视，说学艺就得严格，因为她们是女孩子，他才不打，如果是男孩子跟他学，演奏不好的话，他还会揍他们呢。我没办法，只好去找学校负责人，要求换老师。学校负责人劝我不要换老师，说孩子跟着一个老师学下去好，换老师对孩子的学习不利，而且这个老师的水平很高，严师出高徒，孩子习惯了就好了。但由于我的坚持，圆圆只跟着这位老师学了四节课，然后就转到一位姓高的老师那里。

高老师对学生非常和气，总能心平气和地跟孩子说话。他的演奏水平依我这样一个外行来看，和前一个老师没什么差别。我想，即使有差别，也无所谓，圆圆不可能去当专业鼓手，这只是个业余爱好，学得好点差点没什么大不了的，喜不喜欢、快不快乐才是重要的。况且，如果教师不能刺激孩子的学习兴趣，不断打击孩子，损坏了孩子的学习兴趣，那么即使教师自己的演奏水平是世界一流，对学生来说也没什么意义。

对艺术的热爱是大自然埋进每个生命中的宝藏，是人生的终极追求和爱好，好的开采可以让它光华耀世，乱采滥挖则是对这些宝藏永久性的破坏。如果没有条件开采，宁可不去动它，至少它会安然无恙地存放着，将来或许有一天，某个机缘可能会让它迸发出光彩。

凡那些动不动对孩子吹胡子瞪眼睛、打骂孩子、羞辱孩子的老师都是差老师，他是不可能把孩子教好的。他从家长这里拿走了报酬，只教给孩子很少的一点手头技法，却打碎了孩子的梦想，夺走了孩子对某种艺术的热爱，甚至损害了他们的自信。

我认可这样的说法："严师出高徒"这句话恐怕是史上最坑爹、最恶毒的谎言之一，深受其害者可谓不计其数……必须承认，严师出高徒是件"可以有"的事儿，古今中外也不乏这样的例子。但是，有没有人想过这样一个问题，那就是，严师毁掉了多少高徒？任何一种人生哲学，只要它露骨地宣扬了一种"少数人成，多数人败"的理念，就应该被我们所鄙夷、所唾弃。"严师出高徒"，就是这种罪恶理念的典型代表。成年人强加给儿童身心的重负，往往会扼杀他们的热爱，毁掉他们童年的幸福。即便他们"成功"，这种成功也往往是"生命不能承受之重"。[1]

---

[1] 南勇，《革自己的命，要暴力一些》，安徽人民出版社，2013年7月第1版，20—21页。

对态度恶劣的教师，家长要提出自己的意见。如果老师认识到发脾气只能损坏孩子的学习热情，无助于学生的学习，是破坏力，他会赶快修正自己的错误的。假如教师一意孤行，家长的努力不能解决问题，应该坚定地更换老师，哪怕中止学习，也不要让孩子痛苦地学下去。

小源妈妈原本也想给小源换老师，可能是听了学校负责人的那一套说辞，就没换，结果小源学了几个月，对爵士鼓彻底失去兴趣。打爵士鼓在孩子心里已变成一件非常讨厌的事，而且她对自己不自信了。看圆圆打得越来越流畅，小源总说她自己笨，打不好。因为我们都是一次性付了半年的学费，小源学到三个月时，就不再想学了。她妈妈心疼学费，要求她把半年的课程学完。小源勉强又学了两个月，说什么也不肯学了，哪怕她妈妈说给她换到教圆圆的高老师这里，她也不接受。小源的这项学习到此结束，基本上一无所获。

圆圆的爵士鼓只学了一年，因为我们迁居北京，不得不停下来。当时圆圆已有较好的演奏水平，打得很流畅。到北京后，因为没有练习的条件和时间，爵士鼓只好搁置一边。为此我们常觉得遗憾，总期待着什么时候能再找到学习机会。虽然后来一直没有这样的机会，但圆圆这项爱好一直保留着，甚至她上大学后，还一直惦记着再找个老师学爵士鼓。只因大学生活更丰富，学习更忙，这个心愿只好不了了之。

圆圆的才艺学习只学了二胡和爵士鼓这两样。二胡断断续续学了六年，过程中一直伴有良好的情绪体验，所以她对手中这把琴始终怀有好感。进大学后，又自愿参加了学校民乐团，功课虽忙，仍坚持每周排练。她随团参加了教育部举办的全国大学生艺术展演活动，获得民乐团体第一名。圆圆虽不是主力队员，但能参加这样的活动，取得这样的成绩，也令我们非常高兴。在二胡演奏方面，圆圆不是天才，也没投入太多的时间和精力，但这并不妨碍二胡成为她一生的爱好和特长。

圆圆的爵士鼓学习虽然是个"半拉工程"，但早年学过的东西往往终生难忘，我想，假如有一天圆圆想组个小乐队自娱自乐，即使到了中老年，她也是可以把这项技艺再捡回来的。

"艺术教育"不是"艺术技巧教育"。一个人纵使熟练掌握一门技艺，如果不饱含热爱，也不过是个匠人，而不是艺术家。

而且，每个人天赋不同，一个孩子擅长或不擅长某种才艺，在某个特长方面表现得强还是弱，这并不影响他的人生观和幸福感。孩子将来能在某种才艺上有成就，这固然是件好事，但纯粹地玩，也不是件坏事，快乐就是最大价值。从目标到手段，艺术教育都不应该是苦的，应该是甜的。

对艺术教育的几点建议

应该学什么才艺

如何进行前期准备工作

几岁开始学才艺比较好

孩子学习才艺，家长要做些什么

需要参加才艺考级和各类比赛吗

不要把孩子单独留给老师

艺术教育较之一般的学校课程教育有其特殊性，但也和课程学习有相似之处。家长在这方面应该注意些什么，在此给出几点建议。本文多以乐器学习为例，其中的教育原理同样适用于其他艺术教育，如绘画、舞蹈，包括体育运动等。

一、应该学什么才艺

孩子能量有限，并且需要充裕的玩耍时间，所以不要给孩子报太多的才艺学习班，有选择地报两三个就可以。多才多艺固然令人羡慕，但要考虑成本，尤其是孩子的时间成本。以牺牲童年的快乐来换取一些才艺的做法非常不可取。当然，如果某些才艺学习能和孩子的玩耍兴趣结合起来，对孩子来说基本上没有负担，去学习相当于玩，适当地多报一两个也可以。总之，**报与不报的原则是，孩子是否喜欢，是否愿意去学。**

具体到选择学什么，下面以学乐器为例给出建议。

选择学什么乐器，如果孩子有明确的倾向性，这就是个简单问题，喜欢什么就学什么。但由于学乐器往往是在孩子较小的时候开始，大多数孩子很难明白自己喜欢什么乐器，就需要家长帮助他去判断和选择。当然家长的能力也有限，应该说绝大多数家长对乐器的了解比较外行，这方面的建议是：不盲从，不虚荣，不功利。

首先还是家长要问问自己到底喜欢什么。这并不是家长强权或家长意志，在孩子没有观点的情况下，家长对某种才艺的喜爱会感染孩子，影响到孩子对这种才艺的情感。

其次要向懂行的人请教一下，比如学乐器，要先了解某种乐器的学习难易程度。不同的乐器，其学习的难易程度是不一样的，尤其是入门阶段。比如在中国民族乐器中，扬琴、笛子、古筝较易入门，二胡较难，琵琶最难。家长需要权衡孩子的兴趣、天赋、能投入的时间和精力，以及期望达到的目标等各方面情况，综合判断。

再次要考虑自己的经济条件。不同的乐器，价格悬殊，学费也不一样。选择要尽量和自己的经济条件相匹配，如果孩子在相关学习中没有极为突出的天赋和强烈的喜好，就没必要让艺术教育成为家庭沉重的经济负担。

最后是要注意避免盲目跟风和虚荣心，更不要有功利心。

在学什么乐器的事情上，这些年一直存在崇洋媚外的现象。例如有一些人认为民族乐器很"土"，钢琴、小提琴等西洋乐器很高雅，家中摆放一架钢琴很有面子。所以既不顾孩子的喜好，也不顾自己的经济实力，且不考虑师资情况，勒紧裤腰带买钢琴。虚荣是生命中的一大硬伤，可以说哪里有虚荣哪里就有损害，学乐器也概莫能外。

我女儿圆圆当初选择学二胡，周围有些人觉得很诧异，言语中流露出的就是：二胡多土啊，怎么学那个呢。但圆圆的二胡老师非常棒，他在第一节课时对圆圆说：小提琴有四根弦，可以拉出很丰富的乐曲；二胡只有两根弦，表现力丝毫不亚于小提琴，所以二胡完全可以称为世界上最伟大的乐器之一。如果你小提琴拉到中国最好，不见得是世界上最好，但如果二胡拉到中国最好，你就是世界最好，正所谓越是民族的越是世界的。老师的话让圆圆更认同手中这把琴，对这项学习充满期待。

音乐是一种娱乐，一个人喜欢西方音乐还是民族音乐，喜欢古典音乐还是通俗音乐，这和高雅或庸俗没有任何关系，或者说对他的人生观、幸福感及品格心理没有任何影响。况且现在我们听的一些"古典音乐"在当初也属于流行音乐。好听的音乐都是美的，无功利地热爱就是高雅，附庸风雅才是真正的庸俗。我在这里不是渲染民族主义观念，而是强调选择学什么一定要出于内心喜欢和实际条件。

另外，艺术教育中的功利化和工具化，是当前一种流行病。有些人只是把孩子艺术学习的目的定位在升学和找工作上。学钢琴是为了考级，练舞蹈是为了加分。艺术教育中艺术的价值被消解，只剩下了谋生的价值。同时，高考中，艺术专业成了许多人走捷径的一种选择，这导致艺术专业学生质量严重下降。

"接触艺术教育的孩子学到的，远远超过他们所学的艺术本身"[1]，我们现在在培养孩子艺术爱好中，却经常用世俗价值消解艺术之美，只剩下干巴巴的技巧和功利目的。这伤害着儿童的幸福感，扭曲着他们的价值观，也损伤着整个民族的艺术素养和精神质量。

---

1 [美]雷夫·艾斯奎斯，《第56号教室的奇迹》，卞娜娜译，中国城市出版社，2009年8月第1版，109页。

二、如何进行前期准备工作

艺术教育的第一步不是花钱买乐器和报班，而是首先让孩子接触、认识和了解将要学习的东西。之所以父母喜欢什么，孩子往往会喜欢什么，这并不是简单的生物遗传，而是一种环境的熏陶。孩子如果从小生活在某种艺术环境中，他会天然地和这种艺术达成一种沟通，学习起来当然会容易得多。

例如培养孩子的乐感，可以从孩子很小的时候做起。在听音乐时，家长和孩子一起随节奏进行律动，也可以经常唱歌给孩子听，让音乐成为家庭娱乐的一部分。同理，如果希望孩子在绘画方面有所发展，就可以经常跟孩子一起玩绘画游戏，读一些有关画家的传记，参观美术馆、美术展等。

前期启蒙教育还包括树立孩子的自信。比如一个孩子喜欢唱歌，太小的时候有可能唱不准，如果家长急于去提醒，并经常说这孩子唱歌跑调，很可能就此挫伤孩子唱歌的自信和热情，让孩子永久地失去一种爱好。

除了一些天生乐感极好的孩子，唱歌跑调在许多孩子身上都会发生，大多数孩子能在长大后自行解决。比如我和先生在唱歌方面都天赋平平，圆圆这方面也没表现出特别的天赋，她小时候唱歌有时会跑调，我们基本不提醒，只是很自然地和她一起唱，让她听到正确的音调是怎样的，而且我和先生还经常故意互相开玩笑贬损，说对方唱得不怎么样，顺口说能像圆圆唱的那样就好了，暗示圆圆她唱得很好。到圆圆长大后，我们在家里一起唱卡拉 OK，发现她已唱得很好，非常准。圆圆有时也会和同学一起到 KTV 唱歌，听她的同学说她唱歌很好。

有一次我遇到一位很有名的做主持人的男士，他女儿才三岁，他就很肯定地说女儿以后当不了画家，原因是女儿都不能像样地画个圆，经常是想画什么，又不敢画，最后总要家长去帮着画。这位主持人非常相信自己的判断，他不知道，绝大多数孩子在小时候都不可能像样地画个圆。轻易给孩子下个不会画画的定义，导致孩子在涂鸦这件事上缩手缩脚，真是可惜。很可能，他的女儿会用一辈子在绘画上的无能来证明父亲当初断言的正确。

当然家长不必夸大孩子的天赋，不必把刚会画几笔的孩子看成未来的齐白石，也不必把爱打台球的儿子看成未来的"台球神童"丁俊晖。即不要用一个成功目标给孩子制造压力，在学艺初期，把才艺学习活动当作玩是最好的，让孩子心态单纯些。

三、几岁开始学才艺比较好？

因为才艺内容不一样，所以开始学习的时间也大相径庭。一个重要原则就是，学艺不宜太早，这是由孩子身心发育水平决定的。

例如以前有人说学习乐器要早，四五岁就要开始学，甚至有人把这个年龄提前到三岁，其根据可能是莫扎特三岁就可以演奏钢琴曲了。这样的建议是不适宜的。且不说幼小的孩子在生理上十分稚嫩，从心理来说，"大多数五岁前的儿童，尚未形成自我规范意识，要他们静下来学习乐器，对家长、教师及孩子本身都是一种折磨"[1]。

当孩子对什么东西表现出兴趣时，第一个行动应该是让他快乐地接触和尝试，而不是马上去给他报学习班。

就开始学乐器的年龄问题，我请教了几位音乐界的专业人士，他们共同的意见是，如果家里没有这方面的专业熏陶，作为普通培训活动，在小学一二年级，即六七岁开始比较适宜。

---

[1] 郑又慧，《父母是孩子最好的音乐老师》，作家出版社，2012年9月第1版，131页。

四、孩子学习才艺，家长要做些什么

首先，在孩子学艺过程中家长进行外围服务就够了，对具体的学习活动的参与程度不要太深。家长如果表现得太积极，很容易消解孩子的兴趣和责任感，让他觉得是在为爸爸妈妈学。

有一次我在小区里正和一位妈妈在路边闲聊，恰好她老公带着孩子学琴归来。当妈的随口问孩子今天学了什么，小姑娘脆生生地回答："不知道，我爸爸知道！"做父亲的不以为然地笑了，没有意识到这是问题。

家长带孩子去学习，对老师教学的内容和要求要了解，在孩子练琴时要帮他听哪里有什么问题，适当地帮帮忙就可以，不能大包大揽。所有的学习，背后的管理是一样的，"不陪"才能培养好习惯。

在圆圆学二胡的前三年，她每次练琴时我都会坐在旁边，帮她听音准及节奏，会提醒她哪个地方有什么问题；但她每天什么时间练琴、练几次、练到什么时间、练哪首曲子，等等，我都很少提醒或发表意见，基本由她自己来决定。哪天她忘了练琴，我往往也"没想起来"，她发现这些事情都指望不上我，也就只好自己操心了。

其次，不规定练习时间，只着眼练习效果。

很多家长和教师习惯给孩子规定练琴时间，每天必须弹够半小时或一小时。这样做有一个弊端，就是很容易转移孩子的注意力，让孩子在练琴时不由自主地把注意力分散到时间上。尤其当孩子不想练时，就会把更多注意力放到钟表指针走到了哪里，熬时间，小和尚念经有口无心。这样不但无益于练习，还会生出倦怠感。

不如把每天的练习定位于弹奏本身，即曲子弹得如何，熟练度、准确性及技巧等是否有所提高。在时间上不刻板，可以长也可以短，只要把该练的地方练到了就可以。如果想鼓励孩子多弹一会儿，不要说"再

弹十五分钟，不到时间呢"。最好说"今天拉得又有进步，不过还有两个地方需要改进，能不能把这两个地方再练习几次？"如果孩子确实表现不错，某天或某段时间能坚持练习较长时间，想表扬孩子的话，最好不要直接夸他能坚持练多长时间，而要夸他的琴拉得好。

再次，允许在练习中偷懒，甚至某天不练习。

理论上讲，学琴必须天天练，一天不练手生，三天不练陌生。但这并不意味着需要一味地严厉管制。再强调一次，在学习早期，呵护兴趣比学到技巧更重要，不要把学习做成任务，要尽量做成游戏。如果孩子哪天忘了玩游戏，我们不会去批评他，不会在意。同理，哪天他特别不想练琴，也不必在意。这并不是纵容偷懒，只是放长线钓大鱼，是一种策略。

我女儿圆圆小学时学爵士鼓，我每天下班后带她到艺术学校去练，那里是按时间收费。我们交了每天一小时的练习费用，但圆圆经常克扣时间，很少能练到一小时，有时只练了二十多分钟就不想练了。我都会听她的，不想练就不练了。

假如我每天要求她必须练够一小时，她的演奏可能会更好一些。但更好一些又怎样？难道圆圆的童年就更幸福、人生就更美好？我希望她把爵士鼓打出很高的水平，也完全接纳她在这方面的平庸，一切都不是问题，她开心才是最重要的。

五、需要参加才艺考级和各类比赛吗

考级是以量化的方式来评价一个人的才艺水平，一定程度上可以促进学习，但如果把考级本身当作学习目标，则是一个认识误区，很容易扭曲孩子的学习动机，也给家庭增加不必要的负担。

还以音乐教育为例，音乐考级诞生于十九世纪的英国，后传入香港，

近二十年在内地兴盛起来。由于种种利益关系，我国的音乐考级越来越功利，越来越混乱，利益团体结成各种利益链，想方设法把孩子们推入名目繁多的考试中。目前全国约有几十家音乐考级机构，评价标准不一，评语不明确，恶性竞争。现在甚至出现了专门针对中小学生的"音乐素养"考级，即关于音乐的书面知识考试——这是多么没有意义的行为，而所有的考级乱象，都是要隐蔽地榨取家长的钱财。

很多教才艺的老师为了迎合家长的需求，也步入了"应试教育"的模式，只教考级规定的曲目，不教其他内容，且盲目让孩子"跳级"，二、四、六……这样跳着考。美妙的音乐兑换成了证书上的数字，这或许让一些家长陶醉，但不少孩子拿到最高级别证书后，从此再不摸一下琴——这是不是艺术教育中最大的损失？

在圆圆学二胡的最初几年中，我对乐器学习及考级的认识尚不明确，也一度把学习的目标定位在考级上。倒不是过分看重证书本身，只是以为只要学乐器，就必须考级。后来逐渐有所感悟，对考级这事也就放下了，中止了这件事。圆圆在后期学习中，只拉她喜欢的曲子，不再为了考级专攻指定曲目。她喜欢音乐，也不讨厌手中这把琴，这就够了。记得她上高中时，有一次班里开联欢会，她主动报一个节目，把当时的一首流行歌曲改编成二胡曲。在参加联欢会前，她在家里练习演奏，我听到琴声美妙，感觉十分欣慰。不是说圆圆拉得有多好，而是它作为一个爱好丰富了我们的生活。这份丰富不是证书和级别能验出来、比得上的。

我不反对考级本身，正如我并不反对学校课程考试本身一样，我批判的是考级对艺术教育的扭曲，以及种种考级乱象。

除了期望政府规范考级市场，给家长的建议是，要对考级介于在意与不在意之间，要认真权衡各方面得失，不要为了眼前一点小利益——比如证书和择校挂钩——而牺牲长久的教育理想。有些事，没人追捧，煽风点火者自然无趣。

　　对考级持有正确的认识，不仅可以预防无谓的能量耗散，更可呵护孩子的学习兴趣，呵护他的幸福感。

　　另外，我也不赞成拉着孩子到处参加比赛，除非你想要孩子成为某种才艺的职业选手，比如做职业钢琴家，否则才艺学习不需要掺杂太多的竞争。

　　事实是现在很多比赛也被市场绑架，成为一些人谋取利益的手段，而这些比赛经常会打着体面的旗号。所以家长和教师，面对令人眼花缭乱的竞赛邀约，要特别注意组办者的资格、素质、动机等。觉得不适宜，应当坚定地拒绝。

　　我女儿圆圆读初中时的一个暑假，我正带她到一个海滨城市旅游，班主任突然打电话通知圆圆去参加一个英语竞赛，并陈述了此次比赛的重要性。圆圆的英语一直学得不错，这个比赛听起来很诱人，所以我们得到这个消息后有些兴奋，提前结束旅游，改签机票，马上飞回北京。第一次去参加初选时，组委会安排选手们先去交参赛费，然后等候安排。且不说一进来就收费已让人感觉很突兀，接下来的组织工作都是乱哄哄的。来了不少家长和孩子，大家被几个工作人员吆来喝去的，似乎都很茫然。我也对整个竞赛流程不太清楚，觉得组织工作很不到位，有些不满。终于等到评委们到齐、坐定，比赛开始，我的不满越来越强烈。几个评委一副高高在上的样子，却又不认真，处处对孩子们表现出不尊重，竞赛环节的设计也有不少问题。我忽然觉得，就这么几个牛头马面的人，凭什么能组织一个高水平的赛事？参加这样的比赛，即使能拿个奖，对孩子来说有什么意义呢？

　　我看看圆圆，她也在看我。我从她眼睛里也能看到不适，于是问她：我们走吧，不参与这事了，好吗？圆圆点点头，我们当即起身离开。走出那里后，感觉真轻松。虽然浪费了一些时间和钱，但总比继续浪费下去要好得多，及时止损才是最好的选择。

六、不要把孩子单独留给老师

任何才艺学习，家长都最好陪在孩子身边，保证孩子的安全。尤其一对一学习，不管男老师还是女老师，不管老师年轻年老，都不要把孩子独自留给老师。

我们相信绝大多数教师都是值得信赖的，但也必须意识到，教师不过是个职业，成为教师的人，并非经过了高于一般职业群体的道德考证，谁都不能保证有个别心理不良的人混迹其中。况且课外才艺学习一般都是松散的师生关系，家长很难了解到教师的情况，所以这方面必须特别注意。

主要参考文献

1. （美）杜威，《民主主义与教育》，王承绪译，人民教育出版社，2001 年 5 月第 2 版。

2. （美）杜威，《我们怎样思维·经验与教育》，姜文闵译，人民教育出版社，2005 年 1 月第 2 版。

3. （苏）苏霍姆林斯基，《给教师的建议》，杜殿坤编译，教育科学出版社，1984 年 6 月第 2 版。

4. （苏）苏霍姆林斯基，《公民的诞生》，黄之瑞、张佩珍等译，教育科学出版社，2002 年 4 月第 1 版。

5. （美）弗洛姆，《为自己的人》，孙依依译，三联书店，1988 年 11 月第 1 版。

6. （美）弗洛姆，《爱的艺术》，李健鸣译，上海译文出版社，2008 年 4 月第 1 版。

7. （意）蒙台梭利，《蒙台梭利幼儿教育科学方法》，任代文等译，人民教育出版社，2001 年 5 月第 2 版。

8. （法）卢梭，《爱弥儿》，李平沤译，人民教育出版社，2001 年 5 月第 2 版。

9. （法）卢梭，《社会契约论》，何兆武译，商务印书馆，2003 年 3 月第 3 版。

10. （美）戴维·迈尔斯，《社会心理学》，侯玉波等译，人民邮电出版社，2006 年 1 月第 1 版。

11. （法）古斯塔夫·勒庞，《乌合之众》，冯克利译，中央编译出版社，2005 年 10 月第 1 版。

12. （英）A.S. 尼尔，《夏山学校》，王克难译，南海出版公司，2010 年 5 月第 2 版。

13.（英）F.A.哈耶克，《致命的自负》，冯克利等译，中国社会科学出版社，2000 年 9 月第 1 版。

14.（英）安迪·格林，《教育、全球化与民族国家》，朱旭东等译，教育科学出版社，2004 年 7 月第 1 版。

15.（英）Susan Blackmore《人的意识》，耿海燕、李奇等译，中国轻工业出版社，2008 年 1 月第 1 版。

16.（日）黑柳彻子，《窗边的小豆豆》，赵玉皎译，南海出版公司，2003 年 1 月第 1 版。

17.（德）费希特，《论学者的使命 人的使命》，梁志学等译，商务印书馆，1984 年 10 月第 1 版。

18.（奥）A.阿德勒，《自卑与超越》，黄光国译，作家出版社，1986 年 9 月第 1 版。

19. 陶行知，《陶行知教育文集》，四川教育出版社，2005 年 5 月第 1 版。

20. 钱理群，《语文教育门外谈》，广西师范大学出版社，2003 年 7 月第 1 版。

21. 陈鹤琴，《家庭教育》，华东师范大学出版社，2006 年 5 月第 1 版。

22. 陈琦、刘儒德主编，《当代教育心理学》，北京师范大学出版社，1997 年 4 月第 1 版。

23. 李镇西，《民主与教育》，四川少年儿童出版社，2004 年 3 月第 1 版。

24. 陈嘉映，《哲学 科学 常识》，东方出版社，2007 年 2 月第 1 版。

25. 郑又慧，《父母是孩子最好的音乐老师》，作家出版社，2012 年 9 月第 1 版。

26.（美）兰德尔·菲茨杰拉德，《食物和药品如何损害你的健康》，穆易译，北京师范大学出版社，2007 年 6 月第 1 版。

27.（德）耶尔格·布勒希，《疾病发明者》，张志成译，南海出版社，2006 年 6 月第 1 版。